荒廃のカルテ

少年鑑別番号1589

横川 和夫［編著］

追跡ルポルタージュ
シリーズ「少年たちの未来」
1

駒草出版

まえがき

人間が成長していく発達のふしぶしで、現代っ子の多くがつまずき、苦しんでいる。友だちをつくって人間的なかかわりを持ちたい、という強い欲求が満たされなかったり、自立できずにもがき、悩む青少年たち……。

これから報告するのは一九八三年四月、ある都市の住宅街で発生した〝女子大生暴行殺人〟事件の犯人として逮捕され、一審、二審で無期懲役を言い渡された十九歳（犯行当時）の少年の軌跡である。

少年は母親が刑務所で服役中に生まれ、生後四カ月で乳児院、そして三歳から中学卒業まで私立の養護施設で育てられた。親の愛情や家庭の味をまったく体験しなかっただけでなく、施設では虐待、リンチを受け、人間の基本である情緒、抑制力などが未発達のまま成長してしまった。「少年鑑別番号１５８９」は、その少年が少年鑑別所で受けた心理判定などの鑑別記録につけられた番号である。

共同通信社会部の横川和夫、古賀尚文、山田博が取材、執筆し、加盟紙に配信した記事にそれぞれが加筆してできたのが本書である。

なぜ、私たちがこの少年に興味を持ち、追跡取材をするようになったのか。

実は、私たち共同通信の教育取材班は一九八三年二月に横浜で起きた「浮浪者襲撃事件」をテーマに連載ルポルタージュ「荒廃のカルテ」シリーズをスタートさせていた。

崩壊寸前の家庭、低学力で先生に相手にされない少年たち、サラ金に追いまくられる父親、わが子だけは大学にと夢を一人息子にかけて裏切られる小学校卒の夫婦、体罰で威圧し平静を装う中学校……どれ一つとっても簡単に説明できない複雑な問題がからみあって起きた事件を、当事者の証言をもとに描き、歴史の一断面として記録に残しておこうというのが、この「荒廃のカルテ」シリーズの狙いであった。

「母親が刑務所にいたという興味本位でこの問題をとらえてもらっては困る。少年が育ってきた施設、学校、職場のなかで彼は一対一の人間関係を持つことができなかった。愛されたり、大切にされたりする人間らしい扱いを受けてこなかった。そうさせた社会的背景が問題なんです」

この弁護士の一言がきっかけで取材は始まったのだが、発達心理学者、家庭裁判所の調査官、教師、保育士などに取材を進めるうち、一対一の人間関係が持てないで苦しんでいるのは、現代の病める青少年たちに共通するテーマであることに気づいたのである。

ある児童精神医は少年の鑑別結果について「このケースは特異なものではありません。私のところにやってくる親の期待過剰や幼児期の母子関係のつまずきで人間的コミュニケーションができない子どもの症状とそっくりですよ」と分析してくれた。

今回のルポルタージュ『荒廃のカルテ』では、養護施設で育った少年の軌跡を軸に、〝人間関係の希薄さ〟〝共生感のなさ〟といった病める現代青少年に共通する病理の一断面をクローズアップできると考えたのである。

人間が育つとはどういうことか。そして人間が成長するうえでもっとも大切で基本となる人間的かかわりとは何かを考えるために、この少年の軌跡をたどってみることにしよう。

「少年鑑別番号１５８９」と記された記録などを手がかりに……。

改訂版　まえがき

この『荒廃のカルテ』は新聞に連載中から大きな反響を呼んだ。掲載した地方紙に読者から手紙が殺到した。多くは子育て真っ最中の母親からだった。

「泣けて泣けてどうしようもなかった。少年にかけ寄って、頬ずりして、頭をなで、抱きしめてやりたいような、そんな衝動にかられました。これほど愛情が薄く、寂しい人生があるでしょうか。四カ月の娘を厳しく育てるべきか、初めての子で迷っていました。今は無条件でこの子を愛して育てようと思います。素行不良少年が多い今日、それは本人の意思が弱いからだ、と何の疑いもなく思っていましたが、彼らはそんなことでは片づけられないゆがみをもっているのですね」

こう書いた三十一歳の主婦の声は、多くの若い母親たちの代表的な意見だ。

事件を起こす少年、そして若者に共通している問題は、親や大人に無条件で抱きしめられ、安心し、信頼して甘える、自分の身をゆだねる体験がないことだ。

これは少年の生まれた環境、生い立ち、育てられ方と密接につながっている。さらに追跡していくと親の問題、そして少年とかかわる大人の問題になり、究極的には親や大人を取り囲む社会そのものの抱える構造的なゆがみの問題に突き当たると言っても過言ではない。

この『荒廃のカルテ』は不思議な本である。

共同通信社から単行本として出版された後、新潮文庫にもなった。そして新潮文庫が増刷を繰り返した後、再び共同通信社から単行本となって世に出た。それだけ『荒廃のカルテ』が取り上げた子育ての基礎基本原理は、時代が変わっても普遍なのである。

それをひとつの事件を通じて、さまざまな立ち位置からここまで詳細に追及することで、子どもを取り巻くあらゆる問題を浮き彫りにしたことが、多くの人たちの共感を呼んだのだろう。

子育てに頭を痛める母親たちに読まれた後、保育園、幼稚園、養護施設で働く保育士たちに読まれ、そして大学の福祉学科の授業では教科書として使われた。

あれから二十数年の年月がたった。

その少年は四十七歳になり、刑務所で服役中だ。

今回、駒草出版の心ある方がたのおかげで、この『荒廃のカルテ』が復刻されて出版されることになった。子育てで苦労されている親たちの燭光になることを願ってやまない。

二〇一二年九月

横川　和夫

荒廃のカルテ——少年鑑別番号1589——●目次

第2章　甘えが封殺されて

第3章　養護施設の日々

第4章 不信と孤立のなかで

第5章 一審判決

第6章　人となる日に

第7章　社会が裁かれるとき

第1章　高裁八〇三号法廷

殺すつもりはなかった

一九八四年九月十一日。

〝女子大生暴行殺人〟事件控訴審の第一回公判が開かれた高裁刑事部八〇三号法廷。

傍聴席には人影はほとんどなく、二、三人が静かに開廷を待っているだけだ。

正面右側のドアが音もなく開くと、二人の警護官に守られて両手錠の少年が入ってきた。

白の半袖シャツ、モスグリーンのズボン。すそが折り曲げられている。

長身で色白。顔にはにきびの跡。まだ童顔の抜けきらないこの少年が、〝女子大生暴行殺人〟犯の元ペンキ職見習い、修（二〇歳）＝仮名＝である。

修は八四年三月十五日、地裁で無期懲役の判決を受け、最初は刑に服することにしたが、弁護士らと話しあった結果、控訴。この日の控訴審初公判を迎えることになったのだった。

黒い裁判服姿の裁判官三人が席に着いた。

「修君だね」

裁判長の太い声が静まり返った法廷に響く。証言台に立った修は、両手をもじもじさせながら、かすかにうなずく。声が出ない。

裁判長の人定質問に答える声は蚊の鳴くように細く、〝女子大生暴行殺人〟犯とは思われない。

修の左側にある弁護人席で裁判長と修とのまどろっこしいやりとりを心配そうに見つめている木下淳博弁護士（三七歳）は二年前の八二年四月、修が住居侵入未遂事件を起こしたとき、家庭裁判所の審判に付添人として立ち会ったのが修との付きあいの始まりだった。

「修が自分の気持ちや心境を語ってくれれば弁護もやりやすいんですがね。一審の地裁の裁判官が法廷で〝君はあまり表情がない。どうしてなんだろう〟と言ったほどで、私にも心を開いてくれないんですよ。生きることをあきらめているようで、哀れでねえ……」

木下弁護士は修との出会いとなった二年前の住居侵入未遂事件を鮮明に覚えている。弁護士になって一年目。しかも、初めて担当した少年事件だったので、わざわざ現場のアパートまで行ったせいもあるが、修の持っていた道具一式が本格的だったからだ。

ドライバー、ストッキング、手袋、接着剤、ハサミ、ガムテープ、ビニールひも……。ところが、修は手袋とストッキングは部屋に入ってから身につける計画らしく、ドアには素手で触れ、指紋も残していた。

ハサミは脅すために使うのか、と聞くと、接着剤の口を切るためだ、という。その接着剤は入り口が壊れた場合に修理するためで、事前に口を切ると固まってしまうので、ハサミを持ってきた、というのだ。

「道具が仰々しいわりには考えていることが幼稚で、それに当時、家裁の調査官が〝あの子は将来、重大犯罪を犯すんじゃないか〟と心配していましてね」

その心配が一年後に現実になった。

身寄りのない修は五十八年三月、少年院から仮退院後、更生保護施設に寝泊まりしながら、運転手、ペンキ職などと仕事を転々と変えるのだが、わずか一カ月後の四月、アパートで一人住まいの女子大生を襲い、殺してしまったのだ。

「忘れもしません。夕方、駅で夕刊を買ったら、〝十九歳の少年、婦女暴行殺人を自供〟という見出しが出ていて、記事を読んでいくと、殺しの現場は私が住居侵入未遂事件で行ったことのあるアパートじゃないですか。あっ、修がやったな、と思いましたね」

木下弁護士はその日、更生保護施設の施設長から「修が交通事故を起こしてしまった。示談にしたいので相談にのってほしい」と頼まれ、更生保護施設に向かう途中だった。

ところが修が婦女暴行殺人事件の犯人として逮捕されたため、示談どころではなくなった。

翌日、木下弁護士は修が留置されている警察署に行き、修と面会した。

「お前、やったのか」

「うん、しかし、殺すつもりはなかった」

修は目をそらすと、ボソッと答えた。

修が着ていたまっ黒の戦闘服の胸には白いコブラがまっ赤な舌を出していた。

銭湯帰りの女性を狙う

修が事件を起こしたのは八三年四月二十七日夜のことだ。

四月下旬というのに、その日は六月下旬並みの蒸し暑さ。夜になってからは強い風が吹きだし、夜中の午前二時には表通りからも人影が消えていた。

静かな住宅街。表通りから少し入った路地の突きあたり。木造二階建てのアパート二階の奥の部屋の窓がわずかに開いていた。

修がこの部屋に狙いをつけたのは十日前だ。

十七日午後八時ごろ、アパートからさほど遠くない交差点で銭湯帰りの若い女性が信号待ちしているのを修は目にとめた。

「オレの好きなアイドル歌手の河合奈保子に似ている。この女を犯してやろう」

修は気づかれぬようにあとをつけ、女性がアパートに入るのを見届けると、アパートの裏側に回り、二階奥の部屋に電灯がつくのを確認した。

修は犯行の日の二十七日までに二回、この部屋に侵入しようと試み、失敗していた。

一回目は銭湯帰りにあとをつけた日の翌十八日夜だ。

修はアパートに行き、二階奥の部屋のドアのノブを回したが、カギがかかっていて開かない。

このため、さらに翌十九日午後二時ごろ、修は再びアパートを訪れ、ドアのカギ穴にコーラ瓶のフタの金属片を差しこみ、カギがかからないように工作した。こうしておけば、女性はカギをかけずに寝るにちがいないと修は考えた。

その日の午後八時ごろ、様子を見にいったらドアのカギはかかっているうえ、部屋の電灯がついていた。

カギ穴への細工は失敗した。

そして、その女性に出会って十日目の二十七日。修にとって侵入のチャンスが訪れた。

侵入五時間前の二十六日午後九時ごろ、たまたま近くを通りかかったら、二階奥の部屋の窓がほんの少し開いているのに気づいたのだ。

修はいったん寮に戻り、クリーム色のトレーナーに紺のジャージズボンに着替え、両手に軍手をはめ、ポケットには黒のメッシュネクタイをしのばせ再びやってきたのだった。

路地にあった木製の脚立《きゃたつ》を運んできて、窓の下に立てると、二階の手すりに手をかけ、そうっと窓を開けた。そして、部屋のなかに身を滑りこませた。

四畳半の部屋には布団が敷いてあり、私立大学二年生、良子（一九歳）＝仮名＝がピンクのパジャマ姿で寝ていた。

良子は人の気配で目をさます。修は馬乗りになって、用意したネクタイを良子の首に二重巻きにすると、絞めあげた。

「助けてえ」

暴れて抵抗する良子。

修は近くにあったファンシーケースからブラジャーを取りだし、良子の口に押しこんだ。

良子は静かになった。

修は部屋の電灯をつけ、布団からはみだしている良子を布団に引きずりもどすと、良子を裸にした。

動かない良子の体を触ったりしたあと、乱暴しようとしたが、興奮して事前に終わってしまった。

良子はそれでも動かない。どうも様子がおかしい。

修は良子の体に耳をつけ、息や心臓音を確かめてみた。

止まっていた。

「死んだのだ」

修は怖くなり、電灯を消し、玄関のドアを開け、脚立を元の場所に戻し、一目散に逃走した。

新聞やテレビのニュースが気になった。

それから四日目の朝。新聞は良子が殺されて発見されたことをいっせいに報じた。

捜査本部はすでにこのとき、手口から修を有力容疑者と断定、修の行動をマークしていた。

だが、修はそれに気づかず、二週間後の五月十三日、一カ月後の五月三十日、そして六月十三日と、再び、アパートで一人住まいの女性を狙って襲った。

「夜中の二時半ごろ、ベッドに入って寝たんです。うとうとして一時間ほどたったでしょうか。ふと玄関から人が入ってきたような夢を見た感じで、ボンヤリ目を開けたんです」

六月十三日。侵入されたOL（二四歳）はこう証言する。

寝るときにつけておいたはずの豆電球が消えている。ベッドの足元に人が立っている。その人影がしゃがみこんだ。

「私はそれでも怖い夢を見たのかもしれないと思って、そのまま目を閉じたんです。すると、足元の掛け布団が動き、手のようなものが入ってきて……」


人影は修だった。OLが起きあがろうとすると、飛びかかってきて馬乗りになった。

「怖くて、体が金縛りのようになって動かない。気がつくと、いつの間にか麻ひもが首に一巻きされているんです。男は、必死に抵抗する私に〝おとなしくしろ。死にてえのか〟って。このままでは殺される。〝もう抵抗しないから、言うとおりにするから〟って泣きながら頼んだんです」

修はいったん力を抜き、テーブルの上にあった財布から一万二千円を抜き取ると再び襲ってきた。

「男の気持ちを落ち着かせようと、〝わかったから、ちょっと待って〟と、いかにも観念したようにみせたら、私を押さえていた力を抜いたんです。いましか逃げるときがないと、私、必死で部屋を飛び出したんです。男はあわてて逃げるのかと思ったら、私の前をゆっくり歩いて、階段を降りていきました」

一一〇番通報で、修は警戒中の警察官に間もなく逮捕された。

失神させないと……

「あれから一年半。涙が出ない日はないですね。娘のことを……思い出しましてねえ。あの男のことは許せません。いつまでたっても絶対に……」

修に襲われ、若くしてこの世を去った良子の母親（五〇歳）はしぼりだすようにこう語った。見る間に目に涙があふれ、鼻をつまらせる。

事件現場のアパートから私鉄、国鉄新幹線を乗り継いで二時間ほどのところにある人口十万の小都市。国鉄駅から海岸線までなだらかに続いた住宅街の中程、小さな小川沿いに良子の実家はあった。

表通りに面した玄関土間から入って右側の六畳間に黒光りする大きな仏壇。

その横には、にっこりほほ笑んだ良子の写真が飾ってある。線香の白い煙がゆらゆらのぼっている。

良子の父親（五三歳）は大手電気メーカーの社員だ。良子の話になると、目がまっ赤になる。

「控訴したんですってね。憤懣《ふんまん》やる方ない気持ちですよ。うちの娘には、なんら恨まれるような原因はないんだものね。恋愛関係のもつれでもないし……。しかも、何回も下見したあげくですよ。それを聞いた当時、怒りがこみあげてねえ。それでも一年半か二年もたちゃ、その気持ちがだんだん薄らぐかなあと思ってたけど、少しも薄らがないんだね」と怒りをぶちまける。

この両親にとってあきらめきれないのは、良子は生まれた直後に難病のために大手術を受け、奇跡的に生命をとりとめたことがあるからだ。

六四年一月一日。長男に続く、待望の長女として良子は実家近くの産院で生まれた。体重三千五百グラム。しかし良子は産声をひとつもあげなかった。

「チアノーゼだったんです。すぐに産院から隣町の大学病院に運ばれ、そこで酸素吸入を受けて、やっと泣いてくれたんです。オギャ、オギャとね。それで大丈夫だろうと思ってたんですけど、生後三カ月のとき、おじいちゃんがおふろに良子を入れようとしたら、バタバタと暴れましてねえ」と母親。

見ると良子の唇がまっ青になっている。

大学病院で精密検査の結果、左肺の裏に茶碗大の血腫《けつしゅ》があることが判明。右肺だけで呼吸していたための酸素欠乏によるチアノーゼだった。

「医者から悪性血腫ではないが、このままでは二カ月の寿命しかない、一万人に一人の病気だから手術しろと言われて……。まだ生まれて、たった三カ月の赤ん坊ですし、女ですから……」

左脇腹を大きく切り開き、ろっ骨を何本か切り取らなければ血腫を摘出できない。完治しても左側に肩が傾くだろう。

そう医者から聞かされ、両親は悩んだ。

このまま死なそうか——。

「医者に一つの命は尊いと説得されましてねえ。手術には肉親の血が必要だって言うんで、私が輸血のために良子の脇に横になって。ほんとうに、血を分けた娘だったんですよ」と父親。

手術は成功した。

生後三カ月で骨が柔らかかったこともあって、ろっ骨は切り取らずにすんだ。

「三カ月という小さな体で大手術を乗り越えて。発育も順調で、一年であんよは始めるし、言葉もおしゃべりなくらい。運の強い子だったですから、こんなことになるなんて、ほんとうに思ってもみませんでした」と母親。

その後は後遺症もなく順調に成長、中学時代は水泳部で活躍。成績もクラスでは上位。家族は実家から通える公立大学に進ませようと思ったが、良子は都市の私立大学を希望、殺人現場となったアパートに単身、下宿したのだった。

南側のよく日の当たる四畳半。主のいなくなった良子の部屋は事件後のいまも手がつけられておらず、良子が大学入学のために引っ越して行ったときのままだ。

「あの部屋には怖くて入れないんですよ。部屋にある一つひとつのものに娘の思い出がありすぎちゃって。アルバムの写真だとか、娘のノートとか。机の上には誕生日のプレゼントに買ってやったフランス人形があったり、その当時のことが思い出されて……。だから入れないんです。あまりにも悲しくてねえ」と父親。

母親は台所に立つときがいちばんせつないと言う。

「〝おかあさん。手伝おうか〟って娘の声が後ろから聞こえてくるようで。夕食なんか、よくいっしょに仕度しましたんで、そのことをすぐに思い出してしまうんです。いつもね、手伝ってくれましたからねえ。あの娘が、いまでも、いてくれたらなあって……」

あとは言葉にならない。父親が言葉を継ぐ。

「大学ではオリエンテーリングクラブに入りましてね。人付きあいがよくて、みんなからかわいがられて、将来が楽しみだったのに……。あの男がたいへんな環境で育ったことはわかりますけど……。そんな環境で育ったら、みんな殺人を犯すかというと、そうではないでしょう。あの年になれば、善悪の判断はできていると思うし、やったことは間違いないんだから、肉親の私たちとしては最高刑で処罰してもらいたい心境です」と父親は言葉をつまらせた。

捜査本部の調べに対し、修は八二年六月から逮捕されるまでの一年間に、なんと九件の婦女暴行未遂事件をくり返していたことを自供した。

「いやあ、まいりました。調べが進むにつれて、犯罪の数がどんどん増えていく。少年院に入る前にもやっていたことがわかりましてねえ」と木下弁護士。

修が狙う女性はいずれも二十歳前後、アパートなどで一人暮らしの生活をしているのが共通点だ。

「修の犯行の特徴は、部屋に侵入するなり、まず女性の首絞めに入るんです。普通の婦女暴行事件だったら、まず脱がせたり、触ったりするんですが、修はそれをせずに、すぐに首を絞めたり、ゆるめたりして失神させようとする。つまり、女性を失神させないと、修は女性との関係が結べないんです。これがこの事件のカギだと思うんです」

木下弁護士はそう説明した。

強い不遇感、抑圧感

修は捜査本部の調べを受けたあと、家庭裁判所から少年鑑別所に送られた。

少年鑑別所は家庭裁判所の決定にもとづいて十四歳以上、二十歳未満の罪を犯したり、犯す恐れのある少年を二〜三週間にわたって収容。医学、心理学、教育学、社会学などの専門知識を使ってどうして罪を犯したのか、今後どのようにしたら健全な少年に立ちなおれるかなどを科学的に分析するところだ。

全国に五十三の少年鑑別所がある。

修が送られた少年鑑別所は緑の木立ちに囲まれた市民公園のわきに広がる静かな住宅街のなかにあった。

建物を取り囲む高さ三メートル近くのコンクリート塀が奇異な感じを与えている。塀の内側には格子窓が並ぶ白壁の二階建て寮舎と体育館。その間にグラウンド。東側の塀の外に事務棟が続いている。

寮舎は個室と集団室に分かれている。

二畳ほどの個室はベッドと水洗トイレ、洗面台、そして室内での生活ぶりを細かく観察できるように、個室にはテレビカメラが設置されている。

ドアには刑務所と同じように、のぞき窓と大きなカギ。

収容人員は男子百八十七人、女子二百十五人の計四百二人。

毎日、十数人が家庭裁判所から送られてくるが、ほぼ同数の少年が退所していく。

それに対し職員は七十九人。うち四十人が少年の鑑別を担当する鑑別技官と少年の行動を毎日、鑑察する観察教官だ。

修もここで十七日かかって精神分析や心理判定を受け、その結果が「少年鑑別番号１５８９」となって保存されていた。

修の鑑別を担当したのは岡本鑑別技官（二七歳）＝仮名＝だ。

地方国立大学文学部心理学科を卒業、技官となってまだ五年目の若手である。

「覚えていますよ。非常に内向的な少年で、面接しても、ほとんど会話にならないんです。聞かれたことに〝うん〟とか〝違う〟とかの反応はしますが、事件に関することだとか、それについてどう思うかと尋ねると、下を向いて、見る間に顔を赤らめ黙ってしまうんです」

少年鑑別所に入ると、まず初日は所内でのシステムや生活についてのオリエンテーリング。二日目は、身体検査や健康診断を受けたあと、寮舎に付属している面接室で鑑別技官と一対一で初めての鑑別面接を受ける。

少年がどういう性格の持ち主か、どんな問題を抱えているのかを見定めて、それ以後の鑑別方針をたてるためだ。

三日目は知能検査や性格検査などの集団心理検査。

四日目以後は必要に応じて面接と個別の心理検査をくり返すことになる。

そして最終的に判定会議を開いて鑑別結果通知書が作成され、家裁に送り戻され、審判を受ける。

何を考えているのかわからない少年たちの心の奥底を鑑別技官たちはどうやってのぞくのだろう。

「ここに来た少年のほとんどはよくしゃべるんですよ。それに比べて一時間の面接のうち、修がしゃべったというのは、ほんの少しじゃないですか。反抗しているというわけでもないんでしょうけど、こちらとしては拒否された感じで、初めは私のほうがムカッとしたくらいで。しかし、こうした心理検査や性格検査でかなりのことがわかってきます。必ずしも言葉のやりとりがなくても可能なんですよ」と岡本鑑別技官。

その一つが文章完成法性格検査である。

これは三十項目のテーマを与え、文章を完成させていく方法だ。

たとえば「たいていの人は――」のテーマには「仕事をしている」とか「勉強している」とかを書き加えて、まとまった文章にする。

修の場合はどうだったのか。

「たいていの人は」――「楽しい人生を過ごしている」

「母は」――「まだ生きている」

「いつも私は」――「おもしろくないことばかりである」

「どうしても我慢できないこと」――「になると突っ走ってしまう」

「世の中の人は」――「何のために生きているのかわからない」

「一人でいると」――「気楽でいい」

「いつも気になるのは」――「事件のことばかり」

「私が自慢したいのは」――「何もない」

「いままでは」――「おもしろくないことばかりだった」

「他人は私を」――「なんにも思っていない」

「私を不安にするのは」――「将来の人生」

「だれからも嫌われたら」――「生きていく力さえなくなる」

「私の悪いところは」――「先を見ないこと、考えないこと」

「いやなのは」――「自分より偉い人」

「将来」――「あまり考えていない」


岡本鑑別技官は、この修の書いた字句から次のような心理分析をする。

「修は全体的に不遇感に強くとらわれている。母についての記述は普通は〝やさしい〟とか〝口やかましい〟などと書くのに、修は客観的にしか表現できず、母子関係が拒否的な関係を示している。いやなことについて、普通は食べものとか勉強、と書くのに〝自分より偉い人〟と書くのは上下関係の抑圧を強く受けていることを示し、これを逆転させて自分を優位に立たせたい願望の表れと言えます」

そしていちばん問題なのが、事件についての反省の言葉が一つもないことだ、という。

「普通はいろいろなところで反省の言葉が出るのに、修は自分の不満感情だけを出している。しかし、この検査で修は能力がなくて話さないんじゃなくて、考えているんだけれども、抑圧感が強くて答えられないんだ、ということがわかったんです」

修の心はさらに個別検査で鮮明に浮き彫りにされてくる。

女性の絵に強く反応

入所当初、修は白の半袖シャツにズボン姿。髪は長く、バサバサ。係官の説明にも腕組みをし、脇見をしてニヤニヤとふてぶてしい態度をとっていた。

しかし、「部屋をきちんとするように」「布団を敷いて、パジャマに着替えるように」などという係官の指示には素直に従い、翌日、個室に移されてからは、自分できちんと整頓し、洗面台も掃除した。

数日たつと、検査や個人面接がないと個室でマンガ本に目を通したりして、係官が声をかけても、ただ黙ってうなずくだけ。言葉のやりとりはない。

鑑別のための面接室は男子寮、女子寮合わせて二十室あり、一室の広さは畳三枚ほど。中央にある机を挟んで通路側に修が、そして担当の岡本鑑別技官は窓側に座る。

個別心理検査の最初はインクのしみのような無意味な幾何学模様の図版を見せて、何に見えるかを問うロールシャッハテストだ。

十数枚の図版を見せられて、修の口からは「爆発」「火事」「火山」「原爆」などという言葉が次々と出された。

「刺激に対するコントロールが下手で、ちょっと刺激されると、すぐに触発されて動揺してしまう典型的なタイプと言えます。修の場合、その度合もかなり強く、衝動的に攻撃的反応を起こし、心の内部では常に緊張と不安を抱いているんです」と岡本鑑別技官。

修は女性に対し、どんな感情や、気持ちを抱いているのだろう。

興味あるのは見せられた図版のなかから、いちばんきらいな感じの図版として修が選びだした図版が母親のイメージで選んだ図版とぴたり一致した点だ。

「なんで母親のカードと、きらいなカードが同じなのか」と尋ねると、修は「女はちゃらちゃらしているから、こんなもんだ」と言う。

次に画用紙を渡して男性像と女性像を描かせたら、首が太く、肩幅の広い逆三角形のたくましい男を描いたが、女性像は顔をまっ赤にして、結局、何も書かなかった。

女性に対する修の見方や気持ちが象徴的に示されたのは、見方によっては、どうにでも解釈できる絵を十数枚見せて、その一つひとつの絵に対し、簡単なストーリーを組み立てさせる検査でのことだ。

「修はそもそも言語能力の発達が遅れており、考えを言語化して筋道だてて語ることができないんです。現実吟味や客観的見方が弱い。絵を見せても断片的にボソッと二言、三言、しゃべるだけでして」と岡本鑑別技官。

しかし、女性の描かれている絵にはそれなりに強く反応した。

一枚の絵はベッドに上半身裸の女性が寝ており、その横に背広姿の男性が立っていて、右腕で顔をおおっているシーン。

修は「胸がもうちょっと張っていないと」と女性の体にだけ触れ、また鼻筋の通った美人が畑のなかで立っている絵には「この人、意識過剰だ」という言葉を吐いた。

こうした検査結果から岡本鑑別技官は次のような分析結果を出した。

「性格について言えば、自信に乏しく、主体的な行動がとれず、追従的ですね。ひがみっぽく、気分が暗く、紛れもなく内向的パターンの少年と言ってよいでしょう」

こう指摘したうえで、修の衝動性に触れる。

「過敏で、ちょっとした刺激で触発され、動揺することは前に指摘したとおりですが、強い不安感をコントロールできずに、欲求が衝動的に行動化する傾向にあると言えます」

修の女性観の偏りがそれにいっそう拍車をかける。

「小さいころの反動でしょうかね。自己の男性性について劣等感を抱いており、自分のほうが上に立ちたいという支配欲求が強い。全知全能へのあこがれといいますか。そのため対等な人間関係がなかなか結べず、人間に対する見方がゆがんでいます。とりわけ、女性観の偏りが大きく、女性を物みたいにしか見れないんです。人を殺した深刻さや現実感が頭のなかで理解できていても、それが感情面でつながらないんです。再犯の恐れが高いケースですね」

木下弁護士は、こうした修の心理状態について「少年鑑別番号１５８９」には次のように記されている、と説明してくれた。

「修が女性に興味を持ちだしたときは、普通の人と同じように女性と接触してみたいという気持ちは強かった。しかし、どうやって女性と人間関係をつくったらいいかわからないため、女は男に服従するものだという考え方をすることによって、自分が女性とかかわれない弱点を気持ちの上で合理化しようとした。

こういう心理的な方向づけが修のなかで一度できあがると、その後は女性は力ずくで支配するものだという考えにこり固まり、女性を自分の性欲を満たすための道具と考えて行動するようになった。

こうして、欲求のままに結果だけを求めようとする修の性格的な問題も手伝って、女性とのあいだに自然な人間関係をつくるという普通なら当然踏むべき手続きをとるなどということは考えられなくなり、結果として相手を力でねじ伏せ、まったく無抵抗な〝物〟の状態にしないとかかわりを持てなくなっている。

また修が、犯行ではいつも相手の首を絞めるという行動は、相手の反応を抑圧して、非人間化する、という意味を持つ。

修は〝最初から殺すつもりはなかった〟と言っているように、相手を死んだ状態におとしこめる必然性はない。しかし、相手を意志のない非人間化することが修にとって性欲を満たすために欠かせない条件だとすれば、相手を殺すことは特に不自然なことではない。そしてこの行為は手段として定着され、くり返されていく可能性がある、と言える。

性的には未熟なのに、欲望だけは強い。それを発散するすべを知らないため、欲求充足だけを性急に求める。

このエネルギーはかなり強く、しかも満たされないから、性欲だけがいたずらにエスカレートする。少年院を出てからも同じような行為を何度もくり返しているが、それはどうしても目的を遂げたい、という執念の強さによるものだ。

失敗を何度くり返しても、同じやり方で欲求充足を図る修には、強迫的な面も感じられる。自然なかたちの人間関係がつくれないから、修の女性に対するかかわり方は攻撃的なものとなり、サド的な傾向もあるが、異常性欲とまでいうことはできない。

心理テストの結果などをみると、攻撃性を抑制することができず、簡単に刺激されて、しかも罪の意識はない。

こういう点からすれば、性欲の偏りは、かなり根が深く、少年院など通常の形での矯正を期待するのは無理というべきだろう。

殺人を犯した後に、また同じような犯行をくり返したり、人を殺したという深刻さもなく、現実感がほとんどみられない。

自分の欲求だけに執念深くこだわり、しかもそれをなかなか発散できないことからすると、再犯の危険性は高いケースであると言わざるを得ない」――。

実は修は少年鑑別所に収容されているあいだにレポート用紙にびっしり書いたメモを残していた。その内容が第一回控訴審で裁判官の大きな関心の対象となっていく。

四年以上だったらお礼する

九月十一日の高裁刑事部八〇三号法廷。

〝女子大生暴行殺人〟事件で無期懲役の判決を受けた修の控訴審第一回公判は午前十時五分すぎに開かれ、簡単な人定質問のあと、裁判長は木下弁護士に向かって言った。

「控訴趣意書に追加するのはこれだけですか」

「ええ、そうです。修は人間関係をつくろうとするが、つくれない。そのフラストレーションが高まって婦女暴行にいたった。そして劣悪な育成環境のなかで人格障害があって、責任能力が著しく落ちているという趣旨です」

木下弁護士は修の精神鑑定を請求した。

「それでは三人で合議のため休憩します」と裁判長。

約二十分後、再び現れた裁判長は言った。

「精神鑑定をするかどうかは養護施設の育成録と家裁の調査官の少年記録を再度検討して決めます」

そのまま閉廷されるかにみえたが、右陪席の裁判官が発言した。

「修君、前に出て」

裁判官は一冊のノートを取りあげると、修に示した。修が少年鑑別所で書いたノートだ。

「これは君が書いたの」

「はい」

「一ページは君の考えですか。それとも何か写したの」

「ぼくの考えです」

「次のページもですか」

「ええ」

修が少年鑑別所に収容されているとき書いたというノートには裁判官が首をかしげたくなるようなことが、細かい字でびっしり記してあった。

その内容は木下弁護士によると次のようなものだ、という。

「もし刑務所に行って出てくる日が四年くらいだったら、我慢してまじめにやるが、四年以上だったら殺してもいいから絶対に同じことをやる」

「四年以上だったらお礼まいりをし、警察と検事は殺すつもりでやる」

つまり、四年以上の判決が出たら死ぬ覚悟で〝お礼まいり〟をし、復讐《ふくしゅう》するという主旨のことが書いてあったのだ。

しかも、「もし、実行している最中に警察が動いたら、大きい事件を起こして死ぬ」「その場合は車で女といっしょに静かな場所で死ぬ」とか「絶対に刑務所のお礼まいりは何が何でもするべし」「検事は三階のどこか、三〇九号室だと思う」「書記は年をとっている。眼鏡をかけている」「検事は頭の毛が少しはげている。顔を見ると殴りつけたいような顔つきをしている」と、かなり具体的で、細かい記述なのである。

裁判官は次のページをめくって言った。

「四ページから二十一ページまでも君の考えですね」

「そう」

そこにはさらに十八ページにわたって「少年院を出たら」という書き出しで、さらに綿密な婦女暴行計画が書いてあった。

「一般常識からすれば、少年鑑別所でそんなことを書いたら、反省心がないということになるし、普通の人間だったら書かないんですがね……。弁護人にとってはきわめて不利な材料なんです」

と木下弁護士。

木下弁護士を困惑させたノートには、いったいどんなことが書いてあったのだろうか――。

ノートに綿密な犯行計画

十八ページにわたって、メモ書き風に細かい字で書かれている中味は、ざっと要約すると、次のようになる、という。

「少年院を出たら、薬局か病院でまずクロロホルムを入手する。そのために、薬局から猛毒を盗み、脅迫状を送りつけ、それをクロロホルムと交換、女性の部屋にまいて眠らせ、裸にして写真を撮る。眠ったままの女性とセックスしたあと、女性の母親を脅して六、七百万円を銀行から下ろさせて逃げる」

少年鑑別所でたいくつな時間をもてあまし、思いつくままに書いたのだろうけれど、裁判官ばかりでなく木下弁護士自身も驚いたのは、そのメモが微に入り、細にわたって書いてある点と、その綿密さのわりには、計画そのものがきわめて幼稚で、子どもっぽいことだ。

たとえば――

「まずクロロホルムを入手するために、薬局か病院に侵入して猛毒を盗みだし、脅迫状を出してクロロホルムと交換する」という発想もマンガ的だ。

メモには「夜、薬局か病院に入ったら、レジから金を盗んだうえ、毒のいちばんすごいやつを五、六本盗み、脅迫状を目立つところに張る」と、ある。

そして、脅迫状には「このことを警察に言ってみろ。この店から盗んだ毒の瓶を近くのマンションかビルなどの水タンクに入れて、この店のせいだと書いた紙を張っとくと思え。もし、これがいやだったらクロロホルム五〇〇cc入りの瓶十本を五、六日以内に用意しろ。そっちさえ警察に言わないで、素直にクロロホルムを用意すれば、こっちも男だから、クロロホルムと交換してやる」と書く、というのだ。

メモには、クロロホルムを毒と交換する方法も記している。

「午後五時すぎ店に電話をし、クロロホルムを受け取る場所を言い、受け取ったあと再び電話して毒を置いた場所を伝える」

修は、脅迫劇の主人公になったつもりで書いたのだろう。「電話するときは口にハンカチをして声を変える。逆探知されないように二分以内に切る。同じ場所で電話しない。指紋を残さない」などと現場に〝アシ〟を残さないよう注意事項をつけている。

クロロホルムを入手したらどうするか。

女の家を探すのだが、メモは不気味だ。

「女のあとをつけて家のメモをとる。住所、家に犬がいるか、どうやって入るか、家のまわりの様子をみる。女の家は何軒でもいいから、あとをつけたらメモに書いておく」

実際、修に殺された良子の場合も、たまたまふろ帰りに交差点で信号待ちしていて、修の目にとまり、アパートまであとをつけられたことを考えると、この記述はいっそう、現実味をおびてくる。

　修は犬が苦手らしい。

「犬がいたら、玄関から少しクロロホルムをまいて、犬を寝かしてからやる。一〇〇ccくらいまいて十五分ぐらい待つ。犬を寝かし終わったら家に入る」

　家に入ったら、どうするのか。修はクロロホルムをまいて、女性を眠らせた状態にすることを考えるのだ。修は裁判では終始、「殺すつもりはなかった。失神させるために首を絞めた」と主張しているが、このメモも殺すことではなく、クロロホルムで〝失神〟させて、女性とセックスすることだけが目的のように書いてある。

　女性の家が二階建ての場合は――

「一階と二階にクロロホルムを半分ずつまく。二階に寝ているようだったら二階に多くまく。そして三十分待つ。そして人間の寝ている部屋のドアをあける。ここでも三十分待つ。非常用クロロホルムを持って、小さなタオルやハンカチにしみこませ、女性に近づき、もう一度、念には念を入れて眠らせる」

　失神したら、こんどは女性の裸の写真を撮る。

「まず初めに寝ているところ。次に上の毛布をとって撮る。ブラジャーとパンティーをとって素っ裸のところを撮る。イスなどにかけたり、よりかけたりして胸の大きさなどを撮る。またを広げているところも撮る……」

修のメモは、このあと、女性の口のなかに何かを詰めて、声を出させないようにし、腕を縛ったうえ、起こし、写真を撮ったことを教えて、おとなしくさせて、セックスするというふうに発展していく、という。

それが終わると、こんどはその女性の母親を縛り、銀行から金を引きださせて、現金を奪うことになる。

偶然なのか、故意なのか、修は母親という言葉を使わず、おばさんと書いている。意識的に使おうとしないのか、それとも修自身に「母親」という言葉がないのか、気にかかる点だ。

たとえば——

「女の両親の、おばさんの腕や足などを縛って、口のなかにも何か詰めこんで、女性の部屋に連れていく」「おばさんを脅迫する前に、家のなかにあるお金を全部持っていく」

どうやって脅迫するのかというと——。

「女の裸の写真をばらまいてもいいのか、と言って脅す。女の体などをさわったりしてやる。家のなかにガソリンをまいて、家ごと丸焼きになっていいのかと言う」といった具合だ。

そして、銀行から、六、七百万円を下ろさせ、金を奪ったうえ、もう一度、クロロホルムで失神させて、車で逃走、使った道具はゴミの袋のなかに入れて、ゴミ集積場で捨てる——。

修の犯行計画はここで終わっている。

しかし、次のページにはごていねいにも「使う道具」一式が二十個近くもずらりと並べてあり、使用目的まで記されている。
▽ガス面一個＝クロロホルムで寝ないように
▽ハンカチと小さいタオル＝クロロホルムをしみこませ、人間の口にあてて寝かす
▽ストッキング＝女の人やおばさんに顔を見られないために

裁判官をさらに当惑させたのは、ノートの中に、薬局や一人住まいの女性の家、女子寮などが入った地図が五、六枚も入っていたことだ。そして「一軒家」「犬がいる」「ここから窓を壊して入る」など、地図には具体的に注釈がついていた。

裁判官　これは君の記憶で書いたものですか。
修　全部、記憶です。
裁判官　ほーっ。街を歩いて覚えるんですか。
修　ええ。

さらに裁判官は修が同じノートに書いた姓名判断に、女子大生、良子の名前があるのに、目をとめた。

裁判官　良子さんの名前の前に〝死人〟とあるが、どう思って書いたのですか。
修　覚えていない。
裁判官　このノートに書いてある計画はほんとうにやる気だったの。
修　本気だったら書かない。
裁判官　じゃあ、なんのためですか。ふつうの人だったら考えないことを君は書いているんだ。どういうつもりだったんですか。
修　……。

裁判官は質問の角度を変えて何度も尋ねたが、修は答えられず、じっと黙ったままだった。

人間関係つくれぬ典型例

事件や被害者についてどう思っているのか、心の内を語ろうとしない修。その心理状況、人格の偏りを事件との関連でどう解釈、判断したらよいのだろうか。

実はこの裁判の行方を多くの精神科医、児童発達心理学者、現場のカウンセラー、そして養護施設関係者たちが注目し、見守っていた。

「私がもし外科医だったら、修のケースは特殊なケースだと言うかもしれません。だけど、日ごろ、病める子どもたちを診ていると、とってもそんなことは言えないんです。たとえば、修は自信に乏しく、主体的な行動がとれない、というけれど、こうしたことは登校拒否や家庭内暴力、暴走族、拒食症、自殺未遂などの子どもたちにも共通した現象です。修の場合は、人との信頼関係ができず、どう人間関係を持っていいか学習できないまま成長してしまった典型例だと思います」

こう語る「小児療育相談センター」＝横浜市神奈川区西神奈川一＝の佐々木正美所長も修の裁判に関心を示している一人だ。

佐々木所長は児童精神医学専攻で、東大、東京女子医大でも講師をするかたわら、一日平均四十人も病める子どもたちを診察したり、家庭訪問もしているこの分野では有数の臨床医だ。

「子どもたちは、いつも人とかかわりたいという欲求を持っているんです。だけど私のところに通ってくる子どもたちはどうしたら付きあえるか、そのやり方がわからないんです。自主性がない、自信がない、だから仲間のなかで自分の役割がつくれない。結局集団のなかに入っていけない、ということになるんです」

佐々木所長たち精神科医や心理学者は、子どもの心をつかむため、いろんな質問をする。

「なんでもいい。魔法使いが願いを三つかなえてくれるとしたら、どんなことをお願いする？普通の子の場合には、月の世界に行きたい、恐竜を見たい、豪華船で世界旅行したい、十畳くらいの自分の部屋が欲しい……と三つじゃ足りないくらいどんどん出てくるんです。ところが病める子のほとんどは何も言えないんです。〝大人になったら何になりたい？〟って聞いても、精神衛生のよい子どもは新幹線の運転士になりたいとか飛行機のパイロットになりたいとかいっぱいあるんです。だけど私のところに通ってくる子はたいがい〝考えたことない〟って言うんです。そう言いながら、こちらで警察官と学校の先生と新幹線の運転士とどれがいいかって選択肢を出してやると答えられる。まったく白紙のところからはだめだけど、半分答えを出されたり、〇×式だと言える。知能障害があるわけじゃないのに、主体的に無から自分で考えだす力がほんとうにない。児童精神科とか思春期精神科に連れられてくる子どもの圧倒的多数に共通する現象なんです」

どうしてこんなふうになるのだろうか。

「こういう子どもたちは、他人にはすごく素直で、従順で、協調性があるんです。人間関係をなんとか持とうと努力はしているんですが、人の目をすごく気にするんですね。こんなこと言ったら笑われやしないかって、オドオドして自信がない。素直にパイロットになりたいとか野球の選手になりたいとか言えないんです。こちらが答えを出してやると初めて安心して答えられるんです」

高裁の刑事部八〇三号法廷で、裁判官が何度も尋ねるのに、黙ったまま立っている修の姿が浮かんでくる。

「人間関係をつくれない子どもにとって、実は人間関係そのものが苦痛になってくる。現在の学校体制も問題だが、登校拒否の子にとっては授業よりも、仲間と遊んだりする休み時間が苦痛になるんです。クラスで成績一番の子の登校拒否の例なんてザラにあります。子どもにとって休み時間が楽しければ、学校は楽しいところなんですよ」

最近は家庭内暴力でも、親の眼球を破裂させたり、鼓膜を破ってしまうほど衝動的に暴力をふるうケースが珍しくない、という。

「普通は友だちとの付きあいで衝動や欲求のコントロールを覚えるんですが、人間関係がつくれないからこんなことにもなるんです」

佐々木所長によると、人間関係を持ちたいという「集団欲求」は、本能に近いものだから、病める子どもたちはこの欲求を満たすためにいろんな手を使いだす。

「人間関係をつくるため感覚をマヒさせるようなことばかりやるわけです。シンナーとかスピード、セックスを媒介にして集団で人間関係をつくろうとする。まともでは人間関係はできないが、感覚をマヒさせれば気が楽になる。暴走族もオートバイに一人では乗れないし、性行動にしても集団なんです。個人のプライベートな秘密のことじゃない。オープンで、しかもグループでやるんです」

こうした自信のなさはいったい、どこから来るのだろう。

「子どもが発達し、人間として成長していくためには、いくつかの乗り越えなければいけないハードルがあるんです。その第一が乳児期の母親に対する依存体験、つまり甘えが十分できたかどうかなんです。病める子どもたちはこの乳児期の依存体験、甘えの不十分なことが原因となっているケースが非常に多いし、それによって起こる社会的自我障害の子どもたちが非常に増えているんです。修はその点でも十分な依存体験のなかった極端な例ではないでしょうか」

人間発達の最初の母子関係の段階でつまずく子どもたち。いったい修はどんな幼児期を過ごしたのだろうか。

第2章　甘えが封殺されて

母親が服役中に出産

山ふところに抱かれた静かな農村地帯。国鉄（ＪＲ）線の小さな駅を降り、一面に広がる稲穂の波をかき分けるように車で西に約十分のところに、修の母親、菊子（四七歳）＝仮名＝の実家がある。

かつて農家をしていたという菊子の実家は、いまは新築の二階建ての普通の住宅。やや広い庭があることを除けば、農家だった面影はない。ここで育った菊子は六人きょうだいの四番目だった。

夕闇のなかで、虫の音がやけに響く。静寂に包まれた夜七時過ぎ、玄関のチャイムを鳴らすと、実家を守る弟（四四歳）の妻が出てきた。

「菊子さんですか？　いやあ、どこにいるかわかんないんですよ。ここ十年近く音信不通でねえ」

夜九時を少しまわったころ、長距離トラックの運転手をしている弟が疲れた表情で帰ってきた。

「私ら育ったころは、オヤジが酒におぼれ、人に騙《だま》され、家や土地も借金のカタに次々と失ってひどい生活でした」

運動場のような広い庭があったという菊子の実家は、長男が戦死した四四年ごろから没落の坂をころがっていく。

ガックリきた父親のすさんだ生活のなかで、一家は田畑を三反、五反と切り売りしてなんとか生活をしのいでいた。

菊子が中学を卒業した五二年ごろ、一家の暮らしは苦しさの極にあった、という。

「鉛筆一本が買えなくて、母はその日食べる米の手当てがつかないと毎日頭を悩ましていたんです」と弟。

「姉は短気で、カーッとなると人の言うことを聞かない勝ち気な性格でした」

菊子は中学卒業後、兄の子どもの子守りなどをしていたが、二十歳のとき家を飛びだし消息を絶った。

そして六四年春のことだ。

突然、菊子が刑務所に入っている、という連絡があり、びっくりした弟は面会にいった。

菊子のおなかは大きくなっていた。

「〝迷惑をかけてすまない〟と謝っていました。修が生まれたあと、修を連れてうちに帰ってきたんだけど、うちも家屋敷全部がなくなるかどうかの瀬戸際で苦しくて……。親も年とってたし、実家に居所も知らせなかった不義理もあって、姉も〝面倒みてくれ〟なんて言いだせなかったんです。こちらも、うちでなんとかするから、と言うに言えなくて……。姉さんは一カ月くらいいて、施設に修を預かってもらおうと言って出ていったんです」

まゆにしわを寄せながら、苦しそうに言葉を吐きだす弟。

かたわらで妻は「うちの人も、言うに言えない苦労をしてきたんです。ほんとうに」と涙ぐんだ。

だが、弟は修が控訴したことを知らなかった。

「今、姉はどこに住んでいるんですか」

そう尋ねる弟は、修の事件を家族には知らせず、じっと自分の胸にしまいこんでいたようだ。妻も、修が〝女子大生暴行殺人〟事件を起こしたとは知らなかった。

「うちには中三を頭に、女の子が二人います。修のことは知らせてないんです。感じやすい年ごろなんで、どうかそっとしておいてください」

最後に弟はこう訴えた。子ぼんのうな父親の真剣な顔だった。

修の母親、菊子はなぜ刑務所に服役していたのだろうか。

菊子は家を飛びだしたあとの生活ぶりを警察の調べで次のように語っている。

「家を出たあと、最初に知りあい同棲《どうせい》した男が常習スリだったんです。この男が警察に逮捕されたので、泊まっていた旅館代を稼ぐため、仕方なしに売春したんです」

売春で身を立てるようになった菊子は、すぐに警察に捕まるが、それでも春をひさぐ生活はやまず、男から男へと渡り歩く。

修理工場の責任者、バクチ打ち……と同棲を続けるがいずれも二～三年で破綻《はたん》していった。

警察に何度も逮捕される流転の生活のなかで、修の父親の工員と出会ったのは、実家を飛びだして六年後のことだった。

同棲～妊娠、とやっとつかんだかに見えた幸せも長くは続かなかった。

「修がおなかのなかで三カ月くらいのときでした。あの人から〝その子はだれの子かわからない〟と言われ、いやになって家を飛びだしました。あとから聞いたのですが、あの人は私が修を生んで一年後に労災事故で死んだそうです」

菊子は妊娠三カ月の体で汽車に乗り、姉のところに行く。

「五百円あれば中絶できるから、と金を借りにいったんです。ところが、姉のところも五百円貸せるような余裕がなくて、貸してはもらえませんでした」

姉のところで中絶費を工面できなかった菊子は再び繁華街へ出た。そして再び売春へ。

「子どもをおろす費用を稼ぐため、何人かの男を誘いました。そのときに警察に逮捕され、刑務所に入ったのです。もうおなかも大きくなっていておろせないと言われて、修を生むことにしたんです」

六四年四月七日午前五時三十五分。修は刑務所隣の産婦人科医院で予定より約一カ月遅れて生まれた。逆子だったが体重三千八百グラム、健康状態は良。

菊子が服役していた刑務所医務課の係員は、受刑者出産について次のように説明してくれた。

「出生児の名誉を守るため、陣痛が始まると刑務所近くの産院に入院させ、出産後三日たったら戻すのです。もちろん看守付きですが、以後一カ月は十畳ほどの保育室で母子ともいっしょに生活させています」

しかし刑務所側の気遣いはうかがえるものの、受刑者としての出産に、母親の精神状態が安定していいようはずもない。

監視されることによる圧迫感はもちろん、乳飲み児を抱え、出所したあとどう生活するかの不安、さまざまな複雑な思いが菊子の頭をかすめたであろうことは想像に難くない。

菊子は、保育室での修との生活もそこそこに、出産後二十日で六カ月の刑期を終えて出所、実家などを転々としたあげく、乳児院を訪れる。

独り寂しく哺乳瓶を

都会では珍しく緑濃い住宅街の一角にある乳児院。

母親の菊子が生後四カ月目の修を預けたところだ。孤児収容施設の流れをくむこの施設は、修が良子を殺した事件現場から南西に約四キロのところにあった。

二人乗りのベビーカーがずらりと並んでいる鉄筋四階建ての白い建物の玄関を入ると、幼児たちの元気な声が聞こえてきた。

乳児院は事情があって赤ちゃんを育てられない場合、原則として二歳まで子どもを預かる施設。応対に出てきた小柄で柔和な表情の原田院長＝仮名＝は小児科の女医さん。修が乳児院を出た二年後にここに来たので修を直接知らないが、卒院児だけに責任を感じている一人だ。

子ども部屋は一階に二部屋、二階に四部屋あり、年齢別に四つの部屋に分かれている。

原田院長に案内されて二、三歳児の部屋に入ると、小さなテーブルに座った幼児十人が小魚を味付けしたオヤツを食べていた。

「コンニチワ」

一人の子があいさつすると、次々に他の幼児も真似をして「コンニチワ」の連発だ。

「これくらいになるとオシャベリで……」と言いながら、原田院長はニッコリ笑って〇〇ちゃん、と呼びかける。

若い保母さんが四人もいて、幼児のあいだに座ったり、食べようとしない子の頭をなでてやったり、にぎやかだ。

「いまの子は幸せです。修君のいたころは定員八十五人のところに幼児が百人近くもいて、常に定員オーバーしてまして、保母さんのなり手もなく、当時の院長は毎日、人集めに追われてました。いまは定員七十五人のところに実際いるのは五十人足らずで、ようやく子どもをきちんとみられる状況になってきたんです」

よく見ると各部屋の隅には、使っていない空いたベビーベッドが何台も寄せてある。

昔は両親のいない捨て子が多かったが、最近は母親の出産、病気などで普通の家庭の子を一時預りするケースが増えている、という。

原田院長によると、保母と幼児の割合は現在一対一・七だが、修の入った六四年当時は一対三。しかも交代勤務で夜勤、宿直も含んでいるから、昼間は保母一人で七、八人の幼児を面倒みなければならない計算になる。

「〝流しの○○ちゃん〟なんて呼ばれた子もいましてね。部屋にベッドを収容しきれず廊下に出したり、台所の流し台まで利用して寝かせておいた状態でした」

そんな状況の乳児院に四カ月で預けられた修はどのようにして育っていったのだろうか。乳児院には修の観察記録が残されていた。それによると――。

六カ月　両手で支えて座る。哺乳瓶を見るとうれしそうな表情を示す。

一歳七カ月　むっつり屋で言語発声が少ない。活気がなくあまり行動的でない。すねて長泣きする。

一年十カ月　あまり目立たぬため、保育者にとかく忘れられがちな存在。表情が乏しく、無口。保育者の罰に対し、強い怒りやひねくれを示すことがある。孤立した行動が多い。自分から保育者に近づいてこない。

二年一カ月　オハヨウ、アリー（ありがとう）程度しか言えない。保育者の誘導に対し、ニヤニヤ笑って反応を示さない。

二年二カ月　夏に弱く、無気力に寝そべっていることが多い。夜間のオモラシ多くなる。

二年五カ月　保育者に甘えに来るようになる。声をかけたり、ひざに抱こうとするとニヤニヤしてあとずさりする。

二年八カ月　極端な過度の甘えが目立つ。オモラシ増加。かなり神経質。

二年十カ月　排泄の予告ができるようになる。運動機能あまりない。階段の昇り降りなど非常に用心深い。めったに走ったり、はしゃいだりしない。

「手が足りないものですから、目立つ子と目立たない子の差が大きいんです。しょっちゅう泣いたり、病気したりする手のかかる子につい気をとられて、修君のようなおとなしくて目立たない子は置き去りにされてしまうんです。水ボウソウにでもかかってくれれば、その間、抱かれたりしたんでしょうけど、修君はほとんど病気らしい病気もしてませんし……」

乳児期に置き去りにされたということはいったいどんな意味をもつのだろうか。

「赤ちゃんは大人の手を、眼を、声かけをいつも待っているんです。○○ちゃん、と声をかけると、ジーッとこちらを見て、しばらくしてわかったときにニコッと笑うんです。その間こちらも待ってやらなければいけないんです。そんなくり返しで、コミュニケーションがとれていくんです。

ところが修君がいたころのように人手が足りないと、それを待ってやる余裕がないから、子どもがやっと反応したときには、大人は次のベッドの子に声かけしている、そんな状態で……。子どもからみれば、現れたと思った大人は、自分とかかわるひまなしに消えてしまい、結局一人ぼっちになるんです」

ずらりと並んだ乳児へのいっせい授乳でも、むずかったり、飲みの悪い子は抱いて、声をかけてもらえる。しかし修は泣きもせず、目立たない。

ベッドに寝たまま、当てがわれた哺乳瓶を独り寂しくしゃぶっている修の様子が浮かんでくる。こうしたコミュニケーション不足は、言葉の発達にも大きな問題を残す。

修は三歳になって養護施設に入ったとき、ろうあ者と思われたほど言葉の発達が遅れていた。だが、修にかぎらず、当時の乳児院の子どもたちは程度の差はあれ、言葉の発達が遅い、という。

「何人もの家族が一人の赤ちゃんに声をかけるのと、一人の保母さんが何人もの赤ちゃんに声をかけるのとの密度の差がとても大きいんです」と原田院長。

修の自己主張が「甘え」となって観察記録に登場してくるのは三歳近くなってからだ。

「普通は一歳半から二歳くらいで出てくるんですが、修君はずいぶんスローペースですね」

しかも、観察記録の最後に総合所見として、こんな心理判定の記述が残っていた。

「活発な動作が、生来少ないため、目立たぬ存在であった。そのため、保育者の罰が極端に刻印され、自律行動が出なかったのではないか。適度に甘えに応じてやり、ほめてやれば、ずっと明るい活発さが出てくるように思われる」

保育者の罰が極端に刻印された、というのはいったい何があったのだろうか。適度に甘えに応じてやれば、ずっと明るく活発になる。いったいこの記述をどう理解したらいいのだろうか。

乳児院で罰の刻印が

修の乳児院観察記録に「罰が極端に刻印され……」と書いたのは女性の心理判定員だった。

その女性は、その後結婚して退職、主婦となったが、八三年、夫が急死したため、現在は社会福祉センターで福祉指導員をしている。

ある夜、自宅を訪ねた。

「修。修身の修でしょ。よーく覚えています。私にとっては、やり残した子、忙しさに追われて何も手をかけてやれなかった子、気懸かりな子として、ずっと心に残っていました」

その女性指導員（四三歳）は十八年前の修の状況を驚くほど克明に記憶していた。

「おとなしくて内向的で暗い子。知的には低く、いつも目立たない。泣かない。動作がない。手がかからない。たとえば食べものをあげれば適当に食べる。病気もしない。要求もしなければ、拒否もしない。だから、いちばん後回しにいつもされちゃう。そんな子だったんです」

それだけではない。記憶に残る修の姿はいつも鼻をたらし、ただ、じーっとしている子だった、という。

「表情が顔に出ないから、かわいくないいんです。生後三カ月にもなると子どもは通りすがりに目があえばニコッと笑うもんなんです。笑うから、こっちも足を止めて、声をかけざるをえない。ところが、修はただじーっとしているだけ。こちらも忙しいから、そのまま通りすぎちゃうんですね」

この女性指導員は心の痛みとして、こんな修の姿が忘れられない、という。

「忙しい保母さんの気を引くため、子どもたちはエプロンのスソを引っぱったりするんですが、修はそれができないんです。手の指先だけが、スソを引っぱるように動いているんですが、手そのものが出ない。そんな修の仕草を見て、この子はもっと手をかけてやるべきだ、と強く思うんです。しかし、同時に、今日も明日も、こんな子はかまってもらえないだろうなあって。あの状況のなかでは、それも仕方なかったんですがねえ」

女性指導員は「いまは違いますが」と前置きして、修がいた当時の保母さんたちの状況にも触れていく。

「あのころは保母さんが集まらず、当時の院長は保母資格がなくても、働ける人はだれでも受け入れてたんです。戦争孤児の人とか、十五歳で子どもを産んだ人、進駐軍の米兵といっしょになって子どもを産んだが捨てられたとか、そんな人たちがたくさんいて、大人の教護院というか、そうした保母さんの心の葛藤《かっとう》や欲求不満が保育にも大きく影響したのではないかと思うんです」

当時、私大の大学院で心理学を研究していた彼女にとって、保母さんのやり方が気になった。

ベッドから赤ちゃんの片手を乱暴につかんで起こしたり、絶えず動き回る多動性の子をベッドに縛ったり、食べようとしない子に無理にスプーンで口をこじ開け、押しこんだり……。

「そんなやり方をしてはいけないと注意するでしょ。すると〝お前のような若造に何が〟といった調子で反発される。悔しくて、自分の部屋に戻って泣きました。毎日が〝生き地獄〟のようなものでした……」

そんななかで、もう一つ、彼女にとって忘れられないことがある。

「個人に関することなので」となかなか語りたがらなかった彼女だが、彼女が〝罰の刻印〟と書いたことと関係ありそうなので、執拗《しつよう》に迫ると、やっと重い口を開いた。

「実は二歳のとき修を担当した保母さんがヒステリックな人で、怒りだすと形相が変わり、目をつり上げ、髪の毛が逆立つんです。ぞっとするような憎しみを込めた感じで、子どもたちをののしり、そしてわめきちらすのです。子どもたちをしかるときには、そばにいると胸をかきむしられるようになって。恐怖でしたね。やさしく甘えさせるような感じではなくて、子どもたちにとっては、いつもおびえていなければならない状況だったんです」

その保母さんは子どもたちが言うことを聞かなかったり、気に入らない行動をとると、いろいろな罰を与える。

「おもらしをすると〝ダメじゃない〟とおしりを五つも六つも叩いて、罰としてトイレのオマルに座らせるんです。たいていの子は、保母さんの目のすきをみて、遊びだすんですが、修はうらめしそうな顔をして、四十分でもじーっと座っているんです」

掃除道具をしまうロッカーに閉じこめる罰もあった。

他の子は泣きわめいたり、謝って出してもらうのだが、修は保母さんが戸を開けてやるまで、暗いなかで、じっと待っていた。

「そんな印象が強かったので、私が〝罰の刻印〟と書いたのだと思います。修にとって、あの乳児院の生活は散々な状況だったでしょう。修がたとえ、乳児院に入るまで、母親から声もかけられず、黙って寝かされていたとしても、あの乳児院で修の未発達の部分は修復が可能なはずだったんです。しかし、それができなかった。未発達な部分を見つけだし、その対応を講じるのが心理判定員としての私の役目でしたから、私も強く責任を感じています。法廷に出て、当時の修の状況を証言してもよいです」

女性指導員は最後にこう言うと、深く息を吸った。

なかった母子依存体験

乳児院で放っておかれ、保母さんからも〝罰の刻印〟を受けていた修——。

甘えや依存体験の機会がほとんど与えられなかったという状況は、修が成長、発達していくうえでどんな意味をもつのだろう。

「泣けば欲しいだけオッパイがもらえ、オムツがぬれて気持ち悪いとすぐ替えてくれる。そういう母親に対する十分な依存体験をとおして、子どもは、自分のまわりの世界はこんなにも信ずるに足るのか、という基本姿勢を身につけるんです。それが同時に子どもにとっては自信に、自立心につながるんです」と小児療育相談センターの佐々木所長。

いくら泣いても自分の思うようにしてもらえなかった子どもは、反対に周囲の世界に対する不信感、無力感にとらわれる。

佐々木所長は、病める子どもたちの自信のなさ、自主性のなさを指摘したが、「周囲に対する不信感、無力感は、どうせだめだから言わない。だから考えないという習慣にもつながるんですよ」と言う。

子どもは三歳ぐらいから外の子どもとの関係づくりに入る。しかし依存体験が不十分な子は、オドオドして遊びに行けない。

「無力感があるから仲間のなかで自分の役割がつくれないんです。私は保育園の嘱託医もやってますが、最近は甘えの不十分なために指しゃぶりをする子や、仲間と遊べない子が多いんです」

生まれて、初めの一年間は母親への絶対的な依存期だが、そのなかで母親とのあいだに最初の人間関係ができあがる。それによって培った自信、自立心が社会的自我形成へのバネになっていく、というのだ。

家族から、家族以外への人間関係へと、子どもにとってはその発達に応じて自分の世界が広がっていく。

「余談ですが……」と佐々木所長は言う。

「人間ていう文字、あれはほんとうにすごい文字を考えたと思うんです。人間と人間が支えあって、しかも人のあいだにいなければ人間じゃないというわけです。人と人のあいだにいるから人間という。別の言い方をすると人間というのはコミュニケーション欲求（集団欲求）というものを本能に近い形で持っているんです。三歳くらいまでは親子関係とか兄弟とかの関係のなかだけでその欲求は充足されている。四、五、六歳となるにつれてだんだん家庭以外の人との人間関係を徐々につくっていかないと、社会的な自我を成熟させていけないことになるんです。人間は社会的存在になるよう運命づけられています。だから四歳くらいから幼児教育というのが始まるんです。別に幼稚園に入らなくても、近所の子と遊んだり、近所のおじさん、おばさんの家に遊びに行ったりということが人間には絶対必要なんです」

佐々木所長の発達のふしぶしについての説明が続く。

「七、八歳と学校に入るにつれて、家庭以外の友人や教師やいろんな人との人間関係を営むことによってさらに社会化を達成していくんです。自分の持っている価値観と合う人をだんだん探していくわけです。小学校低学年のときには野球とかサッカーとか自分の楽しみにしている遊びを共有できる仲間とコミュニケーションし、小学生の終わりから中学生になると自分と価値観の合うグループ、友人との人間関係をつくっていく。そういうことが社会的な成熟を遂げるうえで非常に大切なんです」

ところが、と佐々木所長は力をこめた。

「教師とか友人とかと価値観を共有するためには、ある種の自主性、主体性を年齢相応に確立しておかなければいけないんです。その出発点が幼児期の依存体験にあるんです」

母親代わりの保母から声もかけられず、じっと四十分もオマルに座らされたりしていた修の乳児院での生活ぶりが思い出される。

「子どもの発達には、依存から自立へと絶対通らなければならない筋道があって、依存体験の十分でない子には自立心は出てこない。まして罰からは自立行動は絶対出てきません。修のように放置され、自分の思うように愛してもらえなかった子は周囲に対する無力感、不信感でいっぱいです。他の人間とのかかわりの基礎となり、社会的自我形成のバネとなる安心感や自信はまったく育ててもらえなかったと思いますよ」

少し専門的な話になるが、発達心理学の面から説明してもらおう。

聖心女子大の岡宏子教授はその道の権威、この裁判に関心を寄せている一人だ。

「発達系統的にみると、新生児期は精神的な快、不快にだけ反応する存在で、空腹感やオムツのぬれで泣くわけです。だから、母親がやさしく抱いてオッパイを飲ませる行動をとおして、赤ちゃんは空腹感を満たされ、胎内にいたときから耳にしている母親の声やドックン、ドックンという心臓音を聞き、生理的快感を与える者として、まず母子関係を成立させていくのです」

母親あるいは保育者は同時にやさしく頭をなでたり、声をかける。

「こういう外部からの刺激を赤ちゃんは二、三カ月ごろから認知しはじめます。そして六〜九カ月ごろになると、生理的快感を与えてくれる人と、やさしい声かけなど外部からの刺激を与えてくれる人が同じだということがわかって、特定の人に対してだけ安心感、愛着感を感じるようになるんです。これが人見知りですが、この母子の濃密な依存体験が、実は後々の人間関係をつくりあげていく基底となるんです」

一歳から三歳と成長するにしたがい、ますます脳の発達が起こってくる。

「子どもは母親に強い愛着を持ちながらも、自分の世界を外に広げていくわけです。他の子どもたちとの人間関係は、初めは物を扱うような感じでかかわっていきます。オモチャを扱うように相手を押し、転がしてしまう。相手に泣かれて、逆にびっくりするというかかわり方です。そうした他の子どもに対しても、母親との依存関係で育った情緒を当てはめ、人間というのは物とは違ったものだということで関係を結べるようになるのです」

だからこそ、と岡教授。

「赤ちゃんのときに親が愛して、抱っこして育てなきゃいけないんです。子どもが二人いて、上と下とで性格が違うなんてことがよくあるでしょ。一人目の子どもは父も母も一生懸命あやすのに、二人目になると放っといて。ゴロンと寝かされて、子どもは仕方ないからミルクを飲んじゃ寝、飲んじゃ寝のくり返し。一人目は愛嬌《あいきょう》のある子なのに、二人目はブスーッとして、ふつうの家庭で育ってもそれだけの差が出てくるんです」

この母子依存体験が欠けたり、不足するとどうなるか。岡教授はわかりやすく説明するため研究室で扱った症例を出してくれた。

八四年三月のことだ。

「母親が自閉症じゃないかって一歳六カ月の女の子を連れて相談にきたんです。一歳半検診に連れていったら、あんまり他の子と様子が違うのでびっくりしたって。で、診てあげたら、お母さんがその子の名前を呼んでも振り向きもしないし、目も合わせない。言葉も全然出ないんです。どうしてこれまでに気づかなかったの？　って聞いたら、お母さんは〝少しは遅れてると思ったけど〟というんですね」

父親はタクシー運転手。両親と祖父母の五人家族。

「育ち方を聞いたら、首がすわるのはふつうだし、エンコも六カ月あたりでできたというんです。だから知恵遅れなんかじゃなく、ごくふつうの赤ちゃんなんですね」

ところが、この赤ちゃんがちょうど七カ月のときに、祖母がガンで入院。一家の生活は一変した。

「お母さんがものすごく忙しくなってしまって。父親はタクシー運転手だから夜勤があって、とても子どもの面倒をみられない。残されたおじいちゃんも頑固で、夜の食事は七時二分きっかりでないと機嫌が悪いという手のかかる人。そんななかで母親は、病気見舞い、おじいちゃん、赤ちゃんの世話と髪振り乱して走りまわる状態になったんです」

　結局、この赤ちゃんは、テレビ好きの祖父のわきのベビーラックに縛りつけられて、毎日テレビを見て過ごすことになった。

「おじいちゃんが無口な人で、赤ちゃんに話しかけながらテレビを見ればいいのに、何もしない。水戸黄門を見て、一人でケロケロ笑うだけ。ずっとそれでテレビを見させていたら赤ちゃんが目を合わさなくなって、名前呼んでも返事しない。バーブーも出なくなっちゃったんですよ」

　岡教授は夫婦に子どもへのかかわり方を徹底指導、両親だけでは足りずに、研究室の学生を応援につけ、親子関係の修復作業にとりかかった。

「そしたら三カ月でみるみる変わってきて……。表情が出てきたし、名前を呼べばこっちを振り向くんです。自閉症じゃなかったんですね。言葉らしいものをポツポツ出すようになったし、だいたい顔がかわいくなってね。でも機嫌悪いときはまだもうひとつ。半年たったいまも治療中なんですよ」

　赤ちゃんは六～九カ月で特定の人に対してだけ安心感、愛着感を感ずるようになる。これが後々の人間関係をつくる基本になるのだが、ちょうどこの大切な時期に、例に挙げた赤ちゃんは人とのかかわりを断たれてしまったのだ。

「結局、人間的刺激が最高なんです。この赤ちゃんはテレビという半ば人間的な興味をひきながら実は人間的コミュニケーションのまったくない刺激のもとに置かれたからこんなことになったんです。子どもにとっていちばん最初の基本は乳児期に母親など人とのかかわりで安心感、信頼感を得ることから始まります。修はその発達の最初のプロセスを踏んでいませんね」

岡教授の診断も、佐々木所長と同じだった。

赤ちゃんに退行した小学生

修は乳幼児期の発達の最初のプロセスを踏んでいなかった。人間として成長、発達していくうえで、もっとも基本となる母子の十分な依存体験が獲得できなかったわけだが、それが子どもにどんな〝傷跡〟を残すのだろうか。もう一人、専門家を訪ねてみた。

東京・新宿の東京女子医大病院。所狭しと立ち並ぶ病棟ビル、そのなかでもひときわ古ぼけたビルに、小児科病棟があった。受付を左に入り、診察室の廊下を通り抜けた奥の小さな「心理室」に、児童心理相談員の石渡昌子さんがいた。カウンセラー歴十五年のベテランで、年間二百人近くやってくる病める子とその親たちの相談相手になっている。

「ここには登校拒否、家庭内暴力、拒食などありとあらゆる病んだ子どもたちが来ます。その八、九割が乳幼児期の母子依存体験に何らかの問題のあるケースですね」

石渡さんたちは、心理状況をつかむため、子どもに絵を描かせることがある。家、木、人、いわゆるＨＴＰ検査というものだ。壁際の本棚にびっしり並んだカルテ。

「これを見てください」と石渡さんは背伸びしてカルテを取りだし、なかから何枚かの絵を抜きだした。

十一歳のA君の絵は三枚の大学ノート大の画用紙にそれぞれ家、木、人が描いてある。どれも画用紙のまんなかの大きなスペースはまっ白で、左上すみにこっそりとタテ三センチ、ヨコ二センチくらいの絵が描かれていた。何を恐れ、何から逃げているのだろうか。登校拒否で連れてこられたA君。

「極端な自我萎縮です。お母さんは教育熱心で、幼児期には〝抱きぐせをつけてはいけない〟となるべく抱かないようにしたというんです」

十三歳のB君。目まいや微熱、体のあちこちが痛いと連れてこられた一種の心身症。そのB君が描いた人の絵は、顔がのっぺらぼうだ。顔の輪郭はあるが、目も鼻も口もない。

「過剰適応なんです。自分がないんです」と石渡さん。

母親は、家庭でも学校でもほどほどに〝いい子〟だったと訴える。だがよく聞いてみると、幼児期のB君に「〇〇してはいけない」と口やかましく、禁止や拒否が多かった。

「母親の気に入られるためにいい子だったんです。気に入られようと必死だったんです。けれど思春期を迎えて、それだけでは自分がもたなくなってしまったんですね」

子どもたちの絵にびっくりしていると、石渡さんはもうひとつのカルテを取りだした。

「この子はちょっと重症なんですが」と石渡さんが挙げたケースはこうだ。

進平（一三歳）＝仮名＝が登校拒否で訪れてきたのは小学二年生のときだ。

「足が痛い、って動けなくなって。だけど大人がいないときには、子ども同士でピョンピョン跳んだりはねたりしている。これは精神的なものではないか、と母親が連れてきたんです」

当時、進平の両親は三十歳代半ば。進平は兄と妹にはさまれた三人きょうだいのまんなかで、祖父母と同居。その祖父母はともに大学教授という典型的なハイ・ソサエティーの一家だった。

「入院させたんですが、母親は付き添いをいやがるんです。ウチには大事な家族がいる。〝あんなできそこないは、いくら育てても将来たいしたことはない〟って言うんです」

驚いたのは入院中の進平の変わりようだ。

「なんにも食べなくなって。点滴をしたんですが、話もしなくなって。少し食べるようになったと思ったら、哺乳瓶でしか受けつけないんです。朝晩、様子を見にいくと〝オギャア〟と言って私にしがみついて離れない。お母さんは付き添いをいやがって週二回洗たく物を持ってくるだけだったし、寂しかったんですね」

進平の退行現象は極端なものだった。歩くのもハイハイ、そして伝い歩き、アンヨと、自分の失ったものを取り戻そうとするかのように赤ちゃんからの発達過程をたどりなおしていく。

なぜ進平はそうなったのか。

「母親が赤ちゃんのときから、進平の甘えを拒否したのがいちばんの原因なんです。もちろん、それは母親だけの責任ではないんですが……」

石渡さんによると母親は中卒。大学教授の祖父母は反対したが、夫はそれを押しきって結婚した。

「母親は、中卒だってことを意識したんでしょうか、負けるものかって育児のかたわら高校の通信教育を受けて資格をとったり、あるいは結婚に反対したおじいさん、おばあさんには年寄りむけの食事メニューを特別に作ってあげて、結局、一目置かせるようになったり、とにかく頑張り屋なんです。ところが夫は社会的地位は高いがロマンチストでぼんぼんタイプ。姑《しゅうと》に何か言われてもあいだに入ってくれないし、頼りない。そうした夫に対する不満が積もって〝男の子を夫のような女々しい人間にしたくない〟という思いこみになってしまって……。進平が赤ちゃんのときにも、甘えることを絶対に許さなかったんです。おばあちゃんになつこうとするのもいやがったくらいなんです。性格が激しくて、怒るときは大人の私がドキドキしてしまうくらい怖いんです」

いやがる母親を説得して、大きな体の進平を赤ちゃんのように抱かせたり、ベタベタに甘えさせた。

結局、進平は幼少時に与えられなかった母子依存体験を最初から筋道をたどってやりなおすことで回復していったのだが、なんとか学校に行けるまでには四、五年もかかったという。

「進平は言葉が出るようになって最初に婦長さんのおなかを見ながら〝おなかの中に入りたい〟と言ったんです。十分でなかった母子依存関係を子宮のなかにまで戻って回復したい、という意味なんですが、そんなにまで欲求は強いんです。依存から自立への発達のプロセスは絶対に〝飛び級〟できない。それを象徴的に進平は示したんですよ」

産むなと言われて……

修の場合はどうだったのか。

修は母親が刑務所で服役中に生まれた。しかも、父親から「だれの子かわからない」と言われ、母親がおろそうとした。

つまり、母親の胎内にいたときから、精神的にはきわめて不安定な状態にあったと言ってよいだろう。

実は赤ちゃんを胎内に宿したときからの母親の母性が母子依存関係に大きな影響があるという研究が近年、盛んになってきている。

というのも、無痛分娩《ぶんべん》などの出産の近代化が逆に母親の母性を奪ったのではないかという指摘が出てきたためだ。

聖心女子大の岡教授はこう説明する。

「母性は妊娠すれば生ずる本能的なものに加えて、愛する彼との子であることが涙が出るほどうれしくて、おなかの中に生命を宿していることが将来の生きがいになり、二人の愛の生活の中心にもなるという感動、それがホルモンの分泌など生理的な対応に循環させて、母性は育っていくものなんです。修は発達の最初のプロセスを踏んでいなかったという大きなハンディを負っていたわけですが、もっと基本的に言うと、修の母親には、あらゆる点で母性が育ちにくい状況のうえに、経済的問題なども絡んで、最悪な状態にあったと言えますね」

出産直後の母子接触が母性にどんな影響を与えるかの研究実験では次のようなことがわかってきた。

「出産婦を二つのグループに分けるんです。出産したときに赤ちゃんを見せるだけで、すぐに新生児室に引き取り、一日数回の授乳時だけ接触させる組と、生まれた直後、脂ろうの付いたままの赤ちゃんをおなかの上に乗せ、十分に抱かせたうえ、授乳時以外にもふんだんに接触させる組。そして一カ月検診で母親の行動を観察したんです」

診察室に、つい立てを置き「これからつい立ての裏で検診をします」とわざと母子を引き離してみた。

「かなり、はっきりした違いが出たんです。従来、産院で行われている方法、つまり、接触が十分でなかった組の母親は、黙って検診が終わるのを待っているのに対し、十分に接触した母親は検診のあいだも、つい立ての裏をのぞこうとするし、検診が終わるのを待ちかねて赤ちゃんの着せ直しを手伝うんです。接触体験によって起こってくる情緒が母性を育てるのに必要だ、ということなんです」

さらにマイクロマイクやCTスキャナー（断層撮像装置）など医学技術の発達で、これまで未知の世界だった胎内の様子が手に取るようにわかってきた。

「出生前小児科学という新しい分野の研究で、いま盛んに行われています。たとえば、母親の胎内に録音マイクを入れてみると〝ドックン、ドックン〟という母親の心臓の音や〝キュッキュッ〟と腸が収縮する音、母親のおしゃべりまでが、はっきりと聞こえてくるのです。これを録音しておいて、激しく泣いている赤ちゃんに聞かせると泣きやんだり、母親の声には特別に反応することがわかったんです。つまり、胎児が胎内ですでに母親をちゃんと認知しているわけで、実は母子関係は母親が妊娠したときから成立しているということなんですね」

子どもが発達のプロセスを経て成長するように母性もまた、妊娠してからの感動と情緒、生理が密接に循環するプロセスを通じて育っていく、しかも母子関係に深く影響していると言うのだ。

ところが、最近は、この母性が未成熟なまま育たないケースが増えている、と岡教授は指摘する。

「母性が育つからこそ、ウンチは汚いし、夜中に起こされるのにもかかわらず、せっせと世話ができるのです。このプロセスがうまくいかないと、赤ちゃんが泣いたからといって〝ウルサイ〟と放り投げたり、布団を頭からかぶせてしまうという悲劇が起こりうるわけです。母性の未成熟な母親って、最近多いですよ」

修をはじめ、自閉症ではないかと相談にきた一歳六カ月の女の子、そして退行現象を起こした進平、十分な母子関係が結べず、情緒障害を起こしている病める子どもたち。そして母性の未成熟な母親たち。核家族化が進み、仕事が忙しくて家庭を顧みない夫……。

母親を取り巻く社会状況は必ずしも母性を育てるのにふさわしいとはいえないのではなかろうか。

「そうなんです。母性の未成熟は大きな問題ですが、母子関係だけをうまくやれる母親っていないですよ。夫との仲が悪いとか、隣人や友人との人間関係が非常に希薄になってしまい、母親自身がコミュニケーション不足を起こしちゃってるんです。ゆったりと子どもを受け入れられるような豊かな母性を育てるには母親を社会的に孤立させてはいけないんです。そして母性をはぐくむプロセスを滑らかにしていくバイプレイヤー（助け手）が必要なんです。その一番手は夫です。夫がいたわり、ともに喜ぶ、苦しいときには支えてやる。またおばあちゃんやおじいちゃんはじめ家中の者が喜ぶ、そのような形が強力な母性をつくりあげていく循環を助けることになるのです」

依存から自立への道を乳児期に閉ざされた修は三歳になると、乳児院から養護施設へ移された。

第3章　養護施設の日々

目立った発達の遅れ

修が児童相談所の措置変更手続きにより、移された養護施設は「桜木学園」＝仮名＝で、非行少年収容施設として設立された感化院が前身だ。

このため感化院の伝統を受け継ぎ、収容者は三歳から十八歳までの男子のみ七十人。三歳になった修が入園した当時は、創設者の長男が院長代理として経営の中心に当たり、日常生活の規律を正すためには体罰をも辞さない、というスパルタ教育を実践していた。

関係者から聞いた修の育成録の最初はこんな記述で始まる。

67・2・6　児童相談所における判定所見。知的レベル中の下。ＩＱ８５。消極的で引っ込み思案、自己表現不適切。特に言語表現少ない。動作性知力が年齢以上ある点から潜在的能力は中程度と予想される。受容することで、能力開発を望む。

67・4・21　本日入所してきたが、まだ赤ん坊みたいでオシメをつけている。言語の発達が遅れており、身のまわりの自立もできていない。体はよく動かす。ハシも使用できず、イスに座っての食事は泣いていやがる。強情な面がある——。

修の発達の遅れは養護施設でも目についた。

「私、最初に修を見たとき、ろうあ者じゃないかと思ったほど、ほとんど言葉が出なかったんです。しかし話しかけると、声のする方向を向くし、声を出して泣くので、手を出して〝て〟、目を指さして〝め〟とまず一文字から声を出させるようにして指導したほどでした」と、主任保母は当時の修を振り返る。

六七年当時の育成録には修の様子はこんなふうに書かれている――。

〔生活〕

オモラシ日中二～三回。寝起きが非常に悪く、いつも手こずらせる。毎日のように夜尿あり。ひどいときは一晩二回。少し手をかけると、くせがつき、明方起きだして、職員の部屋の戸をドンドン叩き泣く。寝かしつけたと思うと、すぐまた起きてくるが、職員が出て行かないとあきらめて一人で部屋に戻る。

〔言語〕

五月　返事をすることも満足にできない。口はきけないが、話しかけることは理解できている様子。

六月　返事はよくできるようになったが、自分から話はできない。一語一語の発声しかできない。

八月　相変わらず二語続けての言語が出ない。

九月　簡単な奇声を発することもある。発声練習により、口、目、耳、ほっぺ、お手々、鼻（ナナ）などが言えるようになった。口唇がほとんど動かない。〝お手々つないで〟が歌える。メロディははっきりしているが、言葉がわからない。口の動きがほとんどないほどである。機嫌のよいとき、呼ばれると、ものすごい大声で返事をする。

〔交友〕

五月　友達とあまり遊ばない。

七月　まだ一人遊びである。仲間のところへ連れていくがいやがる。

九月　戸外でよくみんなと遊ぶ。最近グループ遊びができるようになり、積極的に仲間に入っていくようになる。

十一月　仲間同士で奇声をあげて遊んでいる。

〔健康〕

八月　頭にタムシ。治療を初めいやがる。下痢をするが四日で治る。

十月　便秘症のようで排便に時間がかかる。

十一月　またずれ（夜尿二、三日続いたため）三日で治ゆ。

十二月　戸外で遊ぶと手がはれる。しもやけがひどい……。

その桜木学園を六年前に辞職した元指導員、鈴木十郎（四〇歳）＝仮名＝は朝刊の社会面に載っている「十九歳の少年が婦女暴行殺人を自供」の記事を読んでいくうち「少年は現場近くの養護施設出身」と書いてあるのを見て、ギョッとした。

「もしかしたら桜木学園出身の子かもしれないと思ってすぐ電話したんです。そしたら保母さんが〝修が容疑者だって、警察が何度も来ていた〟と言うでしょ。ショックでしたね。修って、そんなだいそれたことのできる男じゃない、という気持ちと、自分がかかわった人間が殺人事件を起こしたという衝撃が重なって……」

鈴木が、それまでの図書館出納手を辞めて、桜木学園の指導員になったのは修が小学二年のときだ。図書相手の仕事に疲れ、どうせ働くなら、生身の人間と触れ合う仕事がしたい、と養護施設の指導員に方向転換したのだ。ところが現実は違った。

「食事をはじめ何もかも子どもたちといっしょに生活すると思ったら交代制勤務だし、スパルタでも何でもいいから生活面をきちんとしろ、という院長の要求にはこたえられないし、そのうち、自分自身の姿勢を打ちだすことに自信が持てなくなって……」

鈴木は結局、修が中学一年のとき、桜木学園を辞職、人里離れた田舎で自給自足の生活を営みながら子どもたちの世話をするため、廃品回収でその資金集めをしている最中だった。

「修とは指導員として小学二年のときから五年半、特に中学一年では直接の担当者としてかかわった。しかし、修はいつもみんなの後ろのほうにいて、一人で何をしているのかなあ、という感じで……。殺人を犯すことで、修は施設の職員に対し、今の養護施設のなかで、職員は子どもたちのためにいったいどれだけのことができているのか、と鋭く問題提起をしたんだ。修は意識していないけど、職員を刺したな、と思ったんですね」

鈴木は修が殺人事件を起こすとは思ってもいなかったので、自分なりに納得しようと桜木学園の保母、卒園生に片っ端から電話した。

「そしたら、学園生活は仲間同士でもリンチ、リンチの暴力が支配していた。それが、影響したんだ、という卒園生が出てきて……。自分は当時、学園にいたのに気がついていなかった。いったい、自分は何をしていたのか、とにかく修に会ってみなくては、と思ったんです」

警察、家庭裁判所の調査官……と鈴木は探し求め、最終的に修の事件を担当している山下弁護士のところにたどりついた。

「先生、修に会いたいんです。修は養護施設でリンチを受け、その影響が……」

木下弁護士は最初、鈴木は施設に恨みを持っているのではないかと疑ったが、あまりにも真剣なので、鈴木を修に会わせることにした。

顔以外、全部殴られた

少年鑑別所の面会室。木下弁護士と養護施設の元指導員だった鈴木の前に現れた修は坊主頭。

鈴木と目が合うなり、パッと顔を赤らめ、うつむいた。

鈴木の頭のなかにあった修は、引っ込み思案で、おとなしい少年だった。だが目の前の修はたくましい青年に成長していた。会うことのなかった五年間の歳月を感じながら鈴木は「険しい目をしているな」と驚いていた。

木下弁護士は、桜木学園での仲間同士のリンチについて尋ねた。

「お前も殴られたのか」

「顔以外、全部」

修は低い声で答える。

さらに木下弁護士が桜木学園のことを突っこんで聞こうとすると、修は口をぷっとふくらませ、一段と険しい顔になってボソリと言った。

「桜木学園のことは思い出したくもない」

まさか、と思っていた木下弁護士にピーンと響くものがあった。

「こりゃ、何かとんでもないことが隠されてる、そう思ったんです。それで、後日、卒園生を鈴木さんに集めてもらって話を聞いたら、出てくるわ、出てくるわ。こんなことがあるのか、これじゃほんとうに〝生き地獄〟じゃないかと思ったんです」

木下弁護士の言う〝生き地獄〟とはいったい何のことなのか。卒園生たちに再現してもらおう。国男（二四歳）＝仮名＝は木下弁護士らにリンチの実態を打ち明けた卒園生の一人だ。

中学三年で桜木学園を出たあと、調理士見習い、自衛隊、牛どん屋と働きながら定時制高校を卒業、大学進学を目指している。

父親が労災事故で死亡、母親が蒸発したため六歳のときから施設を転々とし、桜木学園に入ったのは小学校四年生のときだった。

「いまでも入園したときのことは忘れません。夕食が終わって、みんなで分担してあと片付けをやり、部屋に戻ってボヤッとしてたんです。入ったばかりで何をやったらいいかわかんなかったし……」

そこへ中学二年の部屋長がやってくるなり、怒鳴った。

「ゴッチャを片付けたのはだれだっ」

ゴッチャとは残飯のことだが、入園したての国男にはその意味がわからない。何のことだろうと思っていると、同室の少年たちが「お前だろ」と国男のほうをいっせいに向いた。

「ゴッチャも知らねえのか。お前、いい暮らししてたんだろう。正座しろ！」

そう言うなり、部屋長は正座した国男のミゾオチに鉄拳《てつけん》を飛ばしてきた。

一発、二発、三発……。

「二、三発なんてもんじゃないんです。何発やられたかも覚えていませんが、とにかくこれはえらいところにきたなと思いましたね。泣くとよけい叩かれるし……。その晩は布団のなかで泣いて寝ましたよ」

修が入園した当時、桜木学園は七十人近くの収容児を、三歳から中学三年生までの八人を単位として一つの部屋に住まわせていた。部屋の最上級生がいわゆる部屋長で、昔の牢名主のように絶対的な権限を持ち、部屋のすべてを取りしきっていた。

部屋が汚れているなど何か問題があると、院長代理は部屋長を全員集め、連帯責任だと言っては体罰を加える。

殴られて楽しいはずはない。

部屋長は各部屋に帰って、腹いせに下級生に殴る、けるのリンチを加える。この悪循環がくり返されていたのだ。

「たとえば、みんなが学校へ行っているあいだに院長代理は私物検査と称してロッカーを全部開けるんです。支給されてないシャープペンシルなんかあると、部屋長が呼ばれ、殴られるわけです」

部屋長は部屋に戻ると、下級生に向かって怒りを爆発させる。

部屋長のけりが下級生の腹に飛ぶ。

倒れると上級生が髪の毛をつかんで引き起こす。

「立て。目をつぶって声を出せ」

「アーイーウーエー」

殴りやすいように一段高いイスの上に立たせ、声を出させる。

苦しくなって息を吸おうとするその瞬間をねらって、ミゾオチにポカッと鉄拳が入る。何発も、何発も。倒れた畳の上で体をまるめても頭を引っ張りあげられる。泣きやむまで、いや部屋長の気がすむまで許してくれないのだ……。

「顔はあんまりやらないんです。はれて目立つから。腹ばかり毎日のように殴られるから小学五、六年になると、腹筋が固くなってボクサーみたいに盛りあがってくるんです。アーイーウーと声を出させるのも、まともに殴ってもあんまり効果がないからなんです」と国男。

リンチの種類はたくさんある。

通称「落下傘」は打ちどころが悪いと死が待っている。

「落下傘というのは、押し入れの上の段から畳の上であお向けに寝ている下級生の腹の上に飛び降りるやつなんです。アバラ骨を折って大けがしたり、内臓破裂したやつもいましたよ。けがしても、人に聞かれたら〝けんかした〟と答えるだけです。あとが怖いから〝やられた〟なんて言えないんです」

部屋長が下級生を殴るのは、院長代理に体罰を受けたときだけではない。

「部屋長の布団を敷くのは下級生の役目なんです。だけど敷き方があって、毛布や布団はマークのついたほうを足のほうにするんです。それを間違ったり、少しでもシーツにしわがあるとたちまちやられるんです。寝る場所も部屋長が指定するんです。三歳の子でも自分の布団をちゃんと敷けないと殴られるんです」

殴るのは部屋長だけではない。

暴力が日常化した状況下で、上級生は下級生を、強い者は弱い者を暴力的に威圧するのは当然という風潮がまんえんしていた。

国男は言う。

「ですからいつも上級生の顔色をうかがって、機嫌悪そうだったらなるたけ目を合わさないようにしたんです。仮に叩かれない日があっても、〝あしたはやられるな〟と不安がつきまとって……。毎日が恐怖の連続で、学校に行ってるときと寝ているときが、いちばん気楽でした」

頼りにならない職員たち

まゆをひそめながらリンチの様子を話してくれた国男は、修より四歳年上の先輩だ。

修も同じようなリンチを受けたのだろうか。

トラック運転手の武司（二〇歳）＝仮名＝、運送会社助手の哲二（一九歳）＝仮名＝の二人は、桜木学園の卒園生で、しかも修とは同級だ。

特に武司は乳児院も修と同じで、赤ん坊のときから中学を卒業して社会に出るまで同じ人生を歩んできた。

「小学校に入る前の思い出といったら、いつも泣いて布団に入ったな、というのがまず浮かんできます。毎日、毎日、殴られて自分の身を守るのが精いっぱいだったんです」

「小さい頃の修を覚えているか？」という質問に武司はこう語りはじめた。

「いつ先輩に殴られるか、そればかりビクビクしていたんです。修がどうだったかなんて考える余裕なんかありませんでした。みんなそうだったんじゃないですか」とリンチに脅えながら過ごしたころを振り返った。

「小さいから保母さんに甘えるのは当たり前なんですが、少しでも甘えるとボコボコ殴られるんですよ」と言う武司がいまでも覚えているのに〝中腰正座〟というリンチがある。

「イスに座る格好で壁に背をつけて、両手は肩の高さまで前方に突きだすように上げさせて、その腕の上に分厚い辞書やカバンを載せるんです。おしりの下には画鋲《がびょう》が置いてある。その格好を六、七時間もやらされるんです。三、四歳児だって容赦《ようしゃ》しないんです。少しでも腕が下がると部屋長が棒で殴ってくる。小さいから泣きますが、それだって許さない。まっ青になってくるんです。ヒザはガクガクになって、最後はおしりがドスンと落ちるんですが、画鋲がブスッと刺さって……ひどいもんですよ」

哲二もまた小さいころの修のことは覚えていない。

「人のことなんか考えられなかった」と言う。

「正座して足のあいだにバットをはさむんです。五、六時間なんてザラですが、そうすると足に血が通わなくなって紫色になってくるんです。翌日は歩けなくて、はいずり回るんです」

一週間のうち五日はリンチを受けたという哲二はこんな話もしてくれた。

「見つかるといけないから顔は殴らないのがふつうなんですが、ふろに入るとだれがいつやられたかだいたいわかるんです。裸だから体にできたアザは隠しようがないですから。赤いの、黒いの、黄色いのとアザのないほうが珍しいくらいで。こいつのアザは黄色くなってるからもうすぐ直る、やられたのはかなり前だなとか推測するんですよ」

哲二も例の〝落下傘〟を受けて気絶したり、バットで殴られ右腕を骨折した体験がある。

「落ちてくる瞬間、さっと相手に気づかれないように体をひねって急所に入らないようにするんです。四、五年生くらいからやられるんですが、まともにミゾオチに入ったら泡吹きますよ。ボクも泡吹いたことがあるんです。相手が落ちてきたな、と思ったらあとはもう何も覚えてなくて、気がついたら自分一人横になって取り残されているんです。バットで殴られたのも数えきれません。頭を殴ったら死んじゃうから、手のほうを殴るんです。部屋長のうっぷんばらしだから、いつやられるかわかんないんですよ」

卒園生たちが語ったリンチの種類は数えきれない。

鉄アレイを腹に落とす、熱いふろに入れてがまんできない者を殴る、下級生同士に倒れるまでボクシングをやらせる……。

ところが桜木学園の〝生き地獄〟はリンチだけではない。夜になると〝苦役〟が待っている。

〝苦役〟とは何だろう。

「夏は暑くて寝苦しいんで、下級生が上級生に呼ばれ、布団のわきに座って発泡スチロールの板でウチワ代わりにあおがされるんです。二、三時間やってると腕がしびれたようになって感覚がなくなってくるんですが、ちょっとでも休むとガンと殴られる。意地悪な先輩は寝たふりして、寝たすきに休もうとするとやられるんですよ。朝方までやらされたなんて何回もあります」と武司。

夏以外、つまり春、秋、冬の〝苦役〟はアンマだ。

桜木学園は感化教育の伝統からスポーツが盛んで夏は野球、冬はサッカー、春、秋は対抗試合に明け暮れる。

「練習や試合でくたくたになるもんだから、上級生は寝てから下級生にアンマさせるんです。それも手がだるくなって休んだら殴られるのはウチワのときと同じです」と哲二。

こんな毎日のなかで、気が安まるのは学校だけだった、と二人とも口をそろえるのだ。

「勉強なんか全然できなかったけど、ズル休みしたことなんか一度もありません。学校へ行ってるときは平和ですからね。授業中はいつも寝てましたけどね」

と武司は快活に笑い飛ばした。

「だけど」と武司は言う。

「学校ではいやな思いもずいぶんしました。たとえば授業参観ですが、桜木学園の男の指導員の先生が来ることがあるんです。そうするとクラスの連中から〝お母さんの来る授業参観に何で男が来るんだ〟とか〝何でみんな同じ弁当持ってくるんだ〟とか馬鹿にされて。中学のときは勉強しなかったけど、桜木学園の子だけ指さない先生もいたし……。まあ小学生のころは先輩から殴られないっていうだけでうれしかったんです」

いったい、こうした仲間同士のリンチに対し桜木学園の職員たちはどう対処していたのだろう。

哲二はシャツをまくって左腕にいまも残る傷跡を見せてくれた。

「これはリンチで上級生に二階の窓から放りだされ、地面に散らばっていたガラスで切った傷なんです。そのときだって二階の窓枠にしがみついて〝助けてー〟と叫んだんですが、通りかかった保母さんは何もしてくれなかったんです」

結局、職員たちはリンチに対して、見て見ぬふりをしていたようだ。

「先生が中学生に注意しようものなら、まずその先生はやられちゃう。それで怖がって何も言えないんです。もし先生に訴えたとしても、〝だれが密告したんだ〟ってオレたちが部屋長に仕返しされてしまうこともうすうす知ってたんじゃないですか。たまにアザなんか見つかっても〝けんかしたんだ〟って答えるよう上級生から言われてましたから」

子どもたちの大人に対する不信感は増幅していく。

「小さいとき、保母さんに助けを求めても何もしてくれない。そんなことをすると逆にリンチにあうだけだから、甘えるとか頼るとかいう気持ちはあっても抑えるしかないんです。ともかく小学校に入るころには、先生は頼りにならないっていうことをイヤというほど思い知らされるんですよ」

職員たちに対する不信感――。卒園生たちの答えはみな同じだった。

むかつくんだよー

修が小学四年になるまで、桜木学園ではスパルタ教育を実践する二十代後半の院長代理が権力を握っていたため、甘えが封殺されていた。

桜木学園の朝は午前六時半の起床ベルで始まる。

0《ゼロ》年生と学園で呼ぶ学齢前の幼児にとって、当時は実に厳しい朝だった。

「いまはしてませんが、おねしょすると、部屋が臭くなるって、自分でぬれたシーツとパジャマを七時からの食事の前に水洗いしなきゃいけないんです。冬は冷たいから見る間に手が赤くはれあがって……。三歳児だろうと、院長代理は容赦ないんです」

当時の状況を知っている保母は証言する。そして、食事のあとの礼拝と称する朝礼でも〝おねしょ組〟は厳しく制裁される。

「正面を向いて全員で礼をするんですが、おねしょした子は両手を頭の上に組んでおじぎをしなきゃいけない。しかも、他の子たちは座って院長先生の話を聞いてよいのに、おねしょ組は立ったまま。そうすると、どこの部屋が何人おねしょしたかは一目瞭然《りょうぜん》でしょ。多い部屋の部屋長は院長代理から体罰を受けるんですね」

そのうえ、院長代理は厳しい規則をつくって、違反したら連帯責任で処罰するシステムをとった。

その規則は――。門限四時半。消灯は九時、以後ラジオ厳禁。手紙は全部開封点検、現金の所持は認めず……といった具合だ。

すべてに規則を優先させる結果、子どもの保母への甘えなどは許されない。

ただでさえも甘えたい時期にある三、四歳児が保母に甘えているのを見つかると、上級生から「お前一人の保母じゃねえ」と殴られる。

当時、桜木学園に保母実習生として二週間、通ったことのある女性はこんな異様な光景を目撃した。

「通りかかった三歳児に声をかけたら、珍しくニコッとして応答したんです。そしたら、すぐに小学五、六年の子がその子を呼びにきて……」

その子のあとをこっそりつけてみると、中学生五、六人が待っている台所の裏に連れていかれた。

「〝おめえ、実習生に甘えたんだろう〟って、三歳児が上級生に取り囲まれ、ボコボコ殴られたり、けられたりしたんですよね」

彼女はその光景を見て、桜木学園で幼児までが自分を避けようとするナゾが解けた感じがした。

「とにかく、桜木学園では三、四歳児に声をかけても知らんぷりで、さっと逃げるんです。そうでなければ、こっちをにらむようにして〝むかつくんだよー〟って叫ぶんです」

母子依存体験が十分でなく、甘えがもっとも必要とされた修は、こうした状況のなかで、どのように育っていったのだろう。

〔四歳〕

68・4　部屋の配置変えにより、メンバー大分変わる。雰囲気に慣れず、動揺しているためか夜尿が続く。自分からふざけてきたり、いきなり飛びついてきたり、背中にのぼってきたりする。甘ったれである。

68・6　一対一で絵本を読んでやると、とても喜び、集団のなかにいるときと違い、はきはきとした態度を示す。

68・9　大きい子に可愛がられているのがよい結果を生んでいる。

68・11　部屋が変わってから、一段と性格が明るくなり、言葉数も多くなる。保母への話しかけも積極的。保母がわかるまで話しかけてくる。

こうした状況を調べていくと、修がいじらしいほど保母に甘えようとしている姿が目に浮かんでくる。

だが五歳になると気になる点が増えはじめる。修の性格が一変したかのようだ。

69・4　保母と一対一になると、緊張するのかまったく笑顔を見せず、ひざの上に座らせても黙ったままの状態である。

〔五歳から六歳〕

69・5　保母が何か聞くとすぐ下を向く。
69・6　甘えたり、話しかけてきたりすることがまったくない。絵本を読んでやっても、まったく聞いていないらしく関係ないことばかりに注目し、また問う。一つの話を絵と共に終わりまで見ることができない。でもテレビは一生懸命見ている。
69・7　幼児の中では怖い存在。保母から見るとおとなしい。何も反発しない。まったく反対の態度を示す。
70・1　外出。他室の幼児もいっしょでものすごく元気がよい。集団のなかだと話をし、行動面など一八〇度転換する印象を受ける。いつもは黙っているのに大声をあげて喜んだり、大声で友達や保母を呼んだりする。
70・11　初めての里親招待。帰院後は人が変わったように、ハシャイでいた。
71・2　普段は静かで、めったに暴れているのを見ない。外に出ると元気になる。不思議である。

71・3　意地の悪いことをする。口で叫ぶことはない。いきなり突如として背中から覆いかぶさることがある。

小学校一年になると修の様子はさらに激変する。わずかに残っていた明るさも消えてしまった感じさえする。

〔七歳・小学一年〕

71・4・20　口数は少ない。保母がそれに対し大声をあげると涙ぐんでしまう。
71・6・17　注意されると口をつぐんでしまう。
71・7・20　のぼせ症らしくときおり鼻血を出す。本人は慣れているせいか、言いにこない。シーツに鼻血がついていて初めて気がつく。
71・8・24　外出、近くの公園に。保母が小さい子の手をつなごうとすると小さい子の手をむりやり離してしまう。自分の手と取り替える。
71・9・26　自分の殻の中に閉じこもりがちである。人の顔を見て行動する。
71・10・19　自分の思っていることをハッキリ言えない。聞き返すと緊張する。
71・10・25　前歯が折れている。どうしたのかと聞くと折ってしまった、と言う。別に何ともない歯だったのに、どうして折ってしまったのか、最近の様子は変である。

71・11・11　盗み。
71・12・1　消灯のベルがなってもパジャマに着替えていない。
71・12・19　小さい子をいじめる。呼んで注意すると悪いと思っていないようである。
71・12・28　火遊びをする。自分の髪を少し焼く。きつく注意をする。聞いても素直にこたえない。
72・1・13　本を読ませようとするがダメである。字が読めるのにどうしても読まない。読もうと口を動かすがもう一歩である。遊んでいるときは、しゃべるのに、どうしてであろう。
72・3・29　自分から甘えようとはしない。こちらからやさしく声をかけても警戒されてしまうことが多い。本当は甘えたいのにできないのではないだろうか。

〔八歳・小学二年〕

72・6・10　あまり友達と遊んでいる姿を見ることがない。居室で一人、何かをしていることが多い。
72・7・18　保母のそばにきて、何か言いたそうであるが、言えずに黙っている。
72・8・23　目立たない性格のため見落としがちである。気をつけていきたい。職員の見えないところで乱暴なことを他児にする。

〔九歳・小学三年〕

73・5・19　円形脱毛症になる。神経的ストレスが原因とか。小三の年齢でストレスとは？
74・1・31　ミルク嫌いである。泣きながら飲んでいる。

桜木学園内では仲間同士によるリンチが頻発していた状態を知っている者にとっては、鼻血、円形脱毛症、前歯折損……といった字句を見ると、修がリンチを受けていたことがわかるのだが、当時の保母たちは、その点に気づかなかったようだ。

修は発達の遅れを取り戻すどころか、修復の芽さえ、つみ取られはじめていた。

他山の石にと緊急連絡

仲間同士による凄惨《せいさん》なリンチ。

卒園生の「死んだ子もいる」という証言は最初、信じられなかったが、桜木学園に問いあわせてみると、ちゃんと事故記録として残っていた。

修が小学二年になったばかりの六月のこと。

入所して一カ月もたたない三歳児が部屋長に殴る、けるのリンチを受け死亡していた。

学園に残されていた十二年前の育成録は変色して黄色になっていた。

記録にはこう書いてあるという。

「午後七時四十分ごろ、小学生四人が居室で話をしていると、中学三年の部屋長が三歳児を連れてきて、いきなり畳の上に投げ飛ばし、十回くらい腹や頭をげんこつで叩いたところ、ぐったりした」

部屋長はあわててタオルで頭を冷やしたりしたが、三歳児は昏睡《こんすい》状態となり、嘱託医を通じて、救急車で大学病院へ。手術を受けたが二日後に死亡、中学三年の部屋長は警察の事情聴取を受け、教護院に送られたのだ。

「部屋長は前日、母親のところに外泊。母親から再婚を聞かされ、強い反感を抱いて戻ってきていた。そこへ、三歳児の小さな子が保母に抱っこされたり、甘えているのを見て、やきもちを起こした」

事故記録の原因欄にはこう書かれていたという。

「修の事件では非常にショックを受けました。桜木学園のこうした状況は極端で、特異なケースですが、同じ養護施設で働くわれわれにとってはとても他人事とは思えません」

と語るのは、養護施設「東京育成園」の長谷川重夫園長である。

全国養護施設協議会（全養協）の人権特別委員会委員長でもあり、修の裁判に関心を寄せている一人だ。

「この事件を桜木学園の単なる不祥事として片付けてしまうのではなく、一人の人間がこうした状況で成長し、それ故に取り返しのつかない事件を起こしてしまったことをどう受け止めるか。そして今後、二度とこの過ちをくり返さないために、われわれが、いま、何をなすべきかが問われているんだ、と思います」

長谷川園長は全養協会会長名で、修の事件を他山の石として、養護指導の向上に努力するよう全国にある五百三十四の養護施設に緊急連絡した。

「昔は戦災孤児や貧困家庭の子を預かっていればすんでいたのですが、ここ十年くらいのあいだに、性的非行や心身症など、単なる孤児ではなく、情緒障害を持つ問題児、それも虐待児が急激に増えてきているのです。養護指導上、困難度が高いだけに、従来の養護の考え方では対応しきれなくなっているんです。こうしたことが論議されはじめたのが、五十年代に入ってからですから、まだまだ施設としても未熟なんです」

長谷川園長によると、八一年の東京都の調査では一年間に新たに養護施設に収容された中学生六十二人のうち四十八人が性的非行や、登校拒否、シンナー吸引、心身症など一般家庭で手に負えなくなり放りだされた情緒障害児だった。

また七九年に全養協が養護施設の収容児を対象に実施したアンケート調査では、回答してくれた二万一千人（収容児の七〇パーセント）のうち三三パーセントが虐待児。その親の状態で圧倒的比率を占めていたのがアル中、次いで精神疾患、覚せい剤などの薬害が多いこともわかった。

「修を含め、こうした心に深い傷を負った子どもたちに対応する養護施設としては、ほんとうに子どもたちの魂の傷をいやすような、きめの細かい指導と取り組みが必要なんです。ところが、職員の配置基準は三十年来変わらず、制度上の遅れなど難問が山積みのまま。受け入れる子どもの状況はますます深刻になってきている。それにしても修の問題を考えた場合には、やはり、桜木学園の職員たちの養護指導に関する未熟さがいちばん大きな問題ですね」

院長代理追放で混乱へ

その桜木学園は修が女子大生を襲ったアパートの現場近くにある。私鉄の駅前、繁華街のなか。広い園庭に、三階建ての古びたコンクリートの建物が建っている。

「修の事件では責任を感じています。創立百周年を迎えることもあって、この事件を真正面から受け止め、何が問題だったかを明らかにして再出発するために、園内に指導員と保母八人でプロジェクトチームをつくって、育成録から問題点の拾いだしをする一方、毎週、職員二人が拘置所に修の面会に行ってます。修は会ってくれないのですが、命の続くかぎり、修とかかわっていくつもりです」

病気で入院中の院長に代わって、長女の主任保母はこう語った。

近く創立百周年を迎える伝統ある桜木学園の職員が養護指導の面でなぜこんなに無力だったの

だろうか。

「世襲経営で、スパルタ信奉者の院長代理が母親である院長の長男ということもあって、職員に対して徹底したワンマン体制を敷いたのが大きな要因なんです」と当時を知る保母は語る。

子どもの処遇をめぐって普通なら討論の場となるはずの職員会議が、桜木学園では単なる院長代理の決定を伝える場にすぎなかった。

「学園の行事にしても、子どもの意見を聞いたらどうかと言っても一蹴《いっしゅう》されてしまって」と言うように子育てについての意見を保母が提起しても無視された。

それればかりではない。保母は衣服の繕いや洗濯などの雑用をしていればよい、というのが院長代理の考えであった。

子育ての主役であるはずの保母たちは、単なる雑用係にすぎなかったのだ。

この保母は、院長代理の子どもたちに対する姿勢についてこんな例を挙げてくれた。

「食事のときなんですが、まだ食べたそうな小さい子がいたので、〝もっとおかわりしなさいよ〟って言ったら、〝いらない〟って言うんです。どうしてかと思ってあとで聞いたら、ご飯のおかわりは年上の子が先なんです。上の子がおかわりしてご飯がなくなれば、下の子はもう終わり。下の子は、上の子があとどれくらい食べるか頭で計算して、自分の食べる分を考えなければいけないんです。このほか、たとえばジュースが十本しかなくて全員にゆき渡らないような場合、院長代理は〝オイッ、中三から取れ〟という具合で何でも大きい子を優先したんです。そんなふうですから、大きい子はのさばるし、小さい子は小さいが故にがまんしなければいけないということになって……。だから子どもたちのあいだに年上の子には抵抗しないけど、年下の子には何をやってもいい、みたいな雰囲気があったのも事実です」

反省をこめて、とこの保母が語ってくれた食事の様子は何とも異様だ。

だが、いかに院長代理のワンマン体制があるにしても、職員たちはなぜこうしたやり方をすんなり受け入れてしまったのだろうか。

「おかしいとは思ったんです。だけどみんな学校出たての若い保母ばかりで、経験がないから〝施設というのはこんなものか〟と、その日その日の雑務に追われていたのが実情でした」

院長代理のワンマンぶりを示すもうひとつのエピソードがある。

「五月のことです。突然何日から潮干狩りに行くと言いだしたんです。潮の具合がいいからというんですが、その日は学校のある平日なので、〝どうするのか〟と聞くと〝全員学校休ませる〟というんです。実際、学校を休ませて潮干狩りに行ったんですが、こちらはもうあぜんとするばかりで。針一本買うことからはじまって、院長代理が全部決めたんです」

そんな職員のあいだに組合づくりの気運が盛りあがったのは、木下弁護士に修との面会を申しでた元指導員の鈴木が桜木学園に就職して間もなく、日本社会福祉労組に個人加盟したのがきっかけだった。

院長代理は鈴木に「仕事をとるのか、組合をとるのか」と迫った。

これを知った職員たちのあいだから日ごろの院長代理に対する不満が一気に噴きだし、四十九年二月に組合が結成された。

修が九歳、小学三年のときだった。

あわてた院長代理は、母親に代わって院長の座に就いて組合対策に乗りだそうとしたが、嫁と姑の不和問題なども絡んで逆に院長の反発を買い、二カ月後に退職して桜木学園を去った。

「一方的な押しつけ方針でなく、職員みんなで話しあって決めていく仕事をやりたい」と組合を結成した職員たちがまず最初に取り組んだのが、体罰による威圧管理をやめ、子どもたちの自主性を尊重する養護方針への転換だった。

だが、力による支配で抑えつけられていた子どもたちのエネルギーは、圧力なべの栓がはずれたかのような勢いで一挙に噴きあがった。

当時を知る卒園生は「一気に地獄から天国になった感じでした」と当時の解放感を表現したが、子どもたちの荒れ方はこんなものだった。

「職員の前でたばこは吸う。部屋でシンナーを吸い、酒は飲む。学校へ行ったあと部屋に入るとたばこの吸いがらは山のようになっていて、ポルノ雑誌が散らばっている。しまいには私たちが人数確認に部屋に入ろうとしても、なかからドアを押さえて入れない状態になってしまって……」と保母。

混乱状態はエスカレートするばかり。

卒園生は証言する。

「〝寝室でけがをした子がいる〟と小さい子に保母さんを呼びに行かせ、保母さんがびっくりして飛んでくると四、五人で囲んで押さえつけるんです。服を脱がせて、素っ裸に近い状態にして、みんなで触ったんです。小学生のボクは足を押さえる役目で、バタバタ抵抗するもんだから、おでこに足がガンガン当たって痛かったのを覚えてます。でもちゃんと押さえつけてないと中学生に殴られるから、夢中でしたよ」

自主性尊重という方針は立派だが、子どもたちのせきを切ったようなエネルギーの前に、職員たちの熱心な取り組みも無力だった。

ワンマン体制のもとで、子育てに正面から向きあえない状況が続いていたため、その弱さがもろくも露呈した形になってしまったのだ。

こうした子どもたちの状況についてどうしたらいいのか、と職員たちが額を寄せ集め、朝から深夜まで三日間の連続討議をしたのもこのころだ。

しかし熱意ばかりが上滑りして議論は空転。統一見解もまとまらず、あげくの果ては職員個々人が自分なりの判断で対応しようという結論で、討議を始める前の出発点に逆戻りということも何回かあった。

こうしたなかで嫌気のさした保母たちは次々と辞めていった。

桜木学園の混乱に輪をかけるような新たな事態が持ちあがったのは修が中学生になったころだ。

混乱に業を煮やした院長が、秩序回復のため新たな職員集団を導入したのだ。

「新しく入ってくる指導員や保母が妙に結束が固いんです。組合員が見てないところで子どもに暴力を振るったり、懲罰的で、ちょっとでも問題のある子は教護院送りなどで切り捨てようとする。おかしいので調査したら、全部同じ家から通ってくる。例の団体の人だったんです」と保母。団交で追及したところ、院長は組合対策として反共的色彩の強い韓国系の宗教団体のメンバーを採用したことを認めたが、気がついたときには二十四人の職員中十人がそのメンバーだった、という。

「〝組合のやり方とオレたちのやり方のどっちが正しいか白黒をつけよ〟とこっちに挑んでくるんです。問題のある子を抱えて面倒みなければいけないのにどんどん教護院に送れなんて言いだすから私たちも譲れなくて」

養護の方針をめぐって激しい対立が続き、組合側は区労協や上部団体の応援を得て新たな職員集団の追放に全力を挙げた。

「結局、二年間は一階をその団体、二階は組合と、職員が二つに分かれて子どもたちを指導することになったんです。私たちもこの対立にエネルギーを奪われ、問題を起こした子を切り捨てられないように、あの人たちから守るのが精一杯だったのが実情でした。いまにして思えば対立に気を取られ、子ども一人ひとりに十分目が行き届かなかったと反省しています」と以前いた保母は述懐する。

その宗教団体の職員も、修が中学卒業と同時にいっせいに去っていった。

夜になると奇妙な行動

桜木学園のこうした体罰管理と混乱のなかで、修はどんな少年期を過ごしたのだろうか。

小学一年から四年間と中学で二年の二年間、同じクラスで修といっしょだった女子大生（二〇歳）は小学校入学式の日の修をこう語る。

「いつもおとなしくて、ほんとうに目立たない子だったですから、入学式の日のことは印象深く、覚えているんです。入学式が終わって、各自、自分の教室に入って、先生の指導で自己紹介するでしょ。そのときなんですけど、あの修君、すごく抵抗したんです」

黒板の前に出て、名前を名乗る自己紹介の場面で、修はいやがったため、先生はむりやり修の両脇をかかえて、みんなの前に連れだした。

「顔をまっ赤にして、バタバタ暴れて。結局、自己紹介することはしたんですけど、修と自分の名を言えずに〝オチャム〟って言ったんです。言葉をうまくしゃべれなくてね」

小、中学校を通じて言葉の遅れは修の学校生活に大きな影を落としていく。

「あいつは、いつも一人ぽっちだったねえ。友だち付きあいがうまくなくて、自分から話しかけるっていうことができないんです。オレ、小学校から知ってたから、声はよくかけたんだけど、修は〝何だよ〟って答えるぐらいで。話をしても〝ウン、ウン〟だけ。中学では休み時間も校庭なんか出ないで、机に座って一人で遊んでたよ」

小、中学校を通じて修と遊んだことのある工員（二〇歳）は語る。

「あいつ、机に座って一人遊びをすることを考える天才なんだよ。机の上に定規と消しゴム、エンピツ出して、それで遊んでいるんだよ。机に穴開けて、消しゴムとエンピツでゴルフゲームやったり、机に細かな幾何学模様を書いたりしてね。もちろん、そんなだったから女友だちなんていなかったよ」

少年期から思春期への発達段階で子どもたちは家族以外の人間、つまり友だちや教師との人間関係を深めていく。そして社会の一員としての自覚、社会的自我形成は達成されていくのだ。

ところが、修はここでも友だちをつくることができず、孤立していた。

〔小学五年〕

75・10・15　学校から帰ってくるとテレビのチャンネルをひねり、見ていることが多い。

75・11・19　一人での行動が多く、みんなのなかでは遊ぶことができず、もっとみんなのなかに入っていけたらと思う。

〔小学六年〕

76・5・15　他の小学生がサッカーをしている姿を時々、ポツンとテラスから眺めているが、

76・9・14　なかに入ろうとせず、一人、机に向かってマンガを読んでいる。掃除時間、フラフラしていることが多くなり、今日もテレビを見ていたとのこと。注意をすると、ただ下をうつむいているだけ。口答えするくらいの明るさがあったらと思う。職員との対話が少ない。甘えを見せてくれる場面もあったらと思う。

〔中学一年〕

77・5月　夏の野球大会に向けての体制をつくる。中学生は全員、部員となり下校後は練習する。本児は運動はあまりせず、テレビを見て日中を過ごすことが多いが、とにかくセカンドのポジションということで一応参加させることにする。しかし、練習にはほとんど出ない。運動神経がないというのではない。集団のなかで自分を出すのが苦手なようだ。

77・9月　外での遊びが苦手なので、どうしても部屋でテレビを見ることが多い。が、誘うと将棋の相手をしてくれたり、強いところを見せてくれる。本児の生活は夜型で、居室で学習したり、ラジオを聞いたりしている。もう少し、外での遊びに目を向かせたい。

〔中学二年〕

78・12・20　とみに、覇気がなく無気力状態。怠学状況もみえるようである。

79・3・15　とにかく、夜ふかしが多い。一人で居室にいることが多いが、最近は小学生のなかにまじって遊びながら寝てしまったりする。朝はいつまでもダラダラしていて、いちばんあとから登校する。

〔中学三年〕

79・7月　夏休み中も本児は他の子のようにスポーツもせず、居室でブラブラしていた。夜は遅くまで起きていることが多く、たいていレコード、ラジオ、本が相手である。ほとんど一人のときが多く、たまにだれかいるとしても特定のメンバーである。

79・11月　日中テレビ室で眠っているのが目立つ。体力づくりにはとっても努力し、いろいろ道具をつくって工夫している。ニキビは少しずつ治ってきている。生活は集団にまじわれず孤立している。山登りが好きらしい。「自然は良い、自然のなかで死にたい」などと言ったことがある。

こうして友だちや集団ともまじわれず、孤立状態の修は中学二年ごろから夜になると奇妙な行動を見せはじめる。

桜木学園で二歳年上の卒園生はこんな修の姿を見ている。

「あいつは、いつも何考えているかわからないやつでしたね。夜中に寝室から抜けだして、居室に一人閉じこもって、ろうそくの火をじっと見てたり……。それが、夜寝る前になると、一人で屋上へ出て鉄アレイやバーベル挙げなどで、体を鍛えてるんです。腹筋、背筋、腕立て伏せ……。いつの間にか筋肉モリモリになってねえ」

また別の卒園生は言う。

「あいつは夜中の二時、三時まで起きているようなんだけど、いつも一人だから何をしているのかわからないんだよ」

友だちと遊ぼうともせず、ただボーッと一人でテレビの前に座っている修の姿は、ひょっとすると現代の若者にも共通しているような感じがする。

こんな状況を専門家はどう心理分析するのだろうか。再び、小児療育相談センターの佐々木正美所長を訪ねてみた。

佐々木所長は修の状況を聞くと、マイコン少年の話を始めた。

第4章　不信と孤立のなかで

親の過剰期待はリンチ

東京・秋葉原にある電器街の日曜日。

ずらりと並んだ電器店のマイコンコーナーは、雑誌を片手に品定めする少年たちであふれている。

佐々木所長のところに、そのマイコン少年の母親から電話が入ったのは三カ月前のことだ。

「高校生の息子が登校拒否で、もう二年以上も学校へ行ってないいんです。理由を聞いても学校が気に入らないとしか言わないし、機嫌が悪かったり、気に入らないと灰皿をテレビのブラウン管にぶつけたり、カメラをコンクリートの床にたたきつけて、もう手がつけられないんです」

その電話の声の調子は、いかにも手を出しかねてオロオロしている母親という感じだった。

佐々木所長は少年を連れてくるようにと指示したが、やってきたのは母親だけだった。

「息子はいやだってどうしてもこないんです。しまいには〝オメエなんかぶっ殺してやる〟と言いだして。まだ私には手を出さないいんですが、いろんなモノに八つ当たりして……」と母親。

母親の説明によると、少年の通う私立高校は全国的に知られる進学校。十八歳のこの少年は本来なら高三だが、学校へは高一の一学期までしか行っていない。

成績は優秀で、高校に入ってすぐの試験では英語が学年で一番、他の科目もすべて十番以内。

エリート商社マンである父親の自慢の一人っ子だった。

特技はテレビゲームのソフトづくり。中学時代に父にマイコンを買ってもらい、高校生になってからはソフトウェア会社と契約して、月に二、三十万円も稼ぐマイコン少年の〝エリート〟なのだ。

「話を聞くと、この少年は人と会うのがいやで一日中ほとんど家に閉じこもりっきり。理髪店にも行かないから、髪は由井正雪みたいに肩まで長くなって。イライラするとマイコンをいじる、そうすると落ち着くんですね」と佐々木所長。

母親は典型的な教育ママ。少年は小学校低学年から塾通い、家と学校、塾の往復で友だち遊びもほとんどしない。

「友だちがなくて、学校には行ってたけれど、親子だけの人間関係のなかで育ったようなものです。母親はいい子だったというんですが、子どもの欲求を無視して親のしたいように育ててしまったんですね」

佐々木所長がこのマイコン少年の例を挙げたのは、実は少年期から思春期にかけて、友だちとのコミュニケーションがいかに大切であるかを説明するためだ。

「特に思春期には自分が人の目にどう映るか、非常に気になるんです。幼児期から学童期の初期までは、まあ楽しければいいんです。ところが思春期には同じ価値観を持つ仲間とか、教師とか、女性とかに自分がどう思われているかがきわめて重要になってくる。つまり人の目によって自分を考察するということなんです。仲間によく思われるには、自分の欲求や衝動を抑えなければならない。その代わりに仲間から支持を受ける。このくり返しの中から欲求や衝動を抑える力を身につけ、人に対する思いやりや人と付きあう喜びを知っていくんです。こうした社会的自我形成は大人になるのに避けて通れない道筋なんです。逆にいえば、年相応の社会的自我形成ができていないと友だちも相手にしてくれないということなんです」

　ではマイコン少年はなぜ登校拒否を起こしたのか。

「友だち付きあいもないし、人間的コミュニケーションのないマイコンに没頭しているから、年相応の社会的自我成熟ができていない。だから友だちとコミュニケーションする自信がないし、人に会うのもいやになるんです。だけど友だちとはほんとうは付きあいたいんです。付きあいたいけど付きあえない、という大変な不安と葛藤《かっとう》のなかに放りこまれているんですね。強迫症というのは、他の不安を忘れるためにとりつかれるところがあるんですが、この少年がマイコンに没頭するのも、マイコンをいじるのも好きなんでしょうが、それ以上に不安から逃れる側面のほうが強いんです。人間、孤立すると衝動的になるんです」

　このマイコン少年と修とは一見、無関係のようだが、佐々木所長によると二人は社会的自我が形成できない点できわめてよく似ている、というのだ。

「このマイコン少年のように、教育ママの過剰な期待は〝現状のあなたには満足してない〟ってことだから、その少年にとっては〝あるがままの自分〟を拒否されたことになり、精神的なリンチを受けているのと同じなんです。親はものすごい愛情をかけているといっても、子どもの欲求を無視した一方的な愛情の押しつけはリンチなんです。修は肉体的リンチを受けたが、マイコン少年は精神的リンチを受けたんです。マイコン少年がテレビを壊すのもある意味で子どもの親に対する復讐であり、同時に親に対し不足している甘えを求めているということでもあるんです」

とはいえ、このマイコン少年には不安と衝動をハラハラしながら受けとめる親がいる。

しかし思春期を迎えても人とのかかわりのきっかけさえもつかめなかった修には、受けとめる相手はない。孤立感のなかで不安と衝動だけをいっそうふくらませていったのが修ではなかったのか。

孤立感深めて中学卒業

聖心女子大の岡宏子教授（発達心理学）も修が学校や養護施設で孤立していて、ほとんど口もきかないという状態を聞き、こんな例を話してくれた。

それは今から約十年前。

大阪・寝屋川市で四歳の男の子が家に閉じこめられたまま、置き去りにされた遺棄事件が起きた。

「その家庭は腕のいい靴職人夫婦と男の子の三人なんです。父親が大酒飲み、母親が焼き鳥屋で稼いだ分も飲んでしまうので、男の子が四歳のときに母親はあいそをつかして蒸発してしまったんです」

父親は男の子としばらく生活していたが、ある日、外から南京錠をかけて、行方不明となった。

「近所の人は女房に逃げられて、子どもを連れて実家にでも帰ったんだろうと思っていたんですが、ときどき、家の中から変な音がする。最初はネコだろうなどと言ってすませていたが、あまりに変な音が続くので、警察官立ち会いで、南京錠をこじ開けて、家のなかに入ってみたんですね」

茶の間には男の子が餓死寸前の状態で倒れていた。周囲はインスタント食品の袋の山。かじったり、なめたりしてボロボロになったインスタント食品が散乱していた。

救急車で病院に運ばれ、点滴を受け、おふろにも入れてもらい、やっと元気を回復した。

「父親は息子を家に閉じこめたまま蒸発したんです。新しい、きれいな服に着せ替えてもらって、とてもかわいい顔をしているんだけど、その男の子は看護婦さんが話しかけても答えないし、顔も無表情。目をまともに合わせようとしない。近所の人は〝前には口もきいた〟と言うのにですよ」

母親と、それに続く父親の蒸発。

四歳までは母親が面倒をみていたのだから、ある程度の母子依存関係はできていたものの、次々と裏切られ、あげくの果てに家に閉じこめられ、呼べども、たたけども、だれも応じてくれない。

それは、桜木学園でリンチを受け、助けを求めても、見て見ぬふりをされた修たちの心理状態と同じではないのだろうか、と岡教授は言う。

「人が人間として成長して、人間関係を求めていくには、信頼と安定感が大切なんです。その人間関係が、この男の子のように遮断された場合、人間の防衛本能のメカニズムとして、自分の心にそれ以上のトラブルを起こさないようにするため、逆に自分の心をシャットアウト、自閉状態にしてしまうんです。つまり、人間関係が絶ちきられたときに来る不安や心配を、すべてに無関心、無感動になることでなくそうとするんですね。修の場合は、基本的なものが身についていないうえに、放りだされ、しかも、リンチや虐待を受けていくわけですから、すべてシャットアウトするしかなかったんじゃないでしょうか」

仲間たちがサッカーや野球をしているのにポツンと一人寂しく眺めたり、日中の大半をテレビを見て過ごしていた修――。

「修の場合、少年期の生活の仕方が、乳幼児期の発達の遅れにさらに追い討ちをかけた、と言えますね」

こう分析するのは東京経済大学の田中孝彦助教授（教育学）。

「少年期から思春期への発達のプロセスでもやはり、乳幼児期と同じょうに依存と自立の関係が必要なんです。しかし、この時期は相手が母親だけでなく、仲間意識を持てる友だちや教師など周囲の大人たちとの人間関係になるんです」

ところが、この時期はとりわけ、同年齢の友だちが成長、発達に重要なだけでなく、その必要性をわかって、友だちをつくることを励ましたり、支えたり、悩みを聞いてくれる大人の姿勢も大切だ、という。

「この二つの人間関係による依存と自立の関係があれば、発達の遅れの修復は可能なんです。これこそが教育の在り方なんですね。そして、人間の発達は非常に複雑で、人間はどこまでいってても、変わりうる可能性を持っているんです。それが人間の素晴らしさだと思いますよ」と田中助教授。

乳幼児期に与えられなかった依存と信頼関係を少年期から思春期にかけて過ごした養護施設で修復するチャンスもなく、修はますます孤立感を深めていったにちがいない。

こうして修が中学三年の三学期を迎えたある日、突然、母親の菊子が桜木学園を訪れた。だが、菊子は修には会おうとせず、保母に「まだしばらくは訪ねてこないでほしい。よろしく修に伝えてください」と言って、コートをおみやげに置いて帰っていった。

そして、それから半月後に保母あてに、母親から手紙が来た。

「修も毎日元気で過ごしておりますでしょうか。修も勤務につくようになりますれば、そちらとの絆も切れるとのことですが、行くところのない修ゆえにこの先の人生が心配です。しかし、相談や、そちらに遊びに行くことはできるのでしょうか。十二年間お世話になり、そして十五歳の我が身一つでだれも知らぬ社会に出発することは大変な冒険だと思います。どうぞ、これからの修のためにも、本人によく、そのへんのところを言い聞かせてください。私は修の面倒は一から十まではみれませんし、できないと思いますので、よろしくお願いします」と書いてあった。

修は高校には進まず、就職することになった。コートのお礼と就職先が決まったことを修は手紙に書き、母親の菊子に出した。

卒業も間近に迫ったある日、修に菊子から手紙がきた。

愛される人間に、と母

「修　手紙ありがとう　仕事先もきまり本当によかったわね　私も嬉《うれ》しく思いますよ　学園での生活もあと少しに成りましたね　これからの修にとっては見知らぬ人達の仲間入りをするのですから何事に置いても言葉や動きは大切にするのですよ

こまった時には一人で悩まずに先生方に相談なさいね　それが一番の幸せになる道なのです

一生県命に働らき誰からも愛される正しい人間になって下さいね

無理だけはせず毎日を自分のために働らき勤めて一日も早く『仕事をおぼえること』ですよ

修　本当に今日まで良く頑張りましたね　ありがとう　本当にありがとう　私もこれからは修

だけへの夢を持って一生県命頑張ります　修もくじけず頑張るのよ
そして一日も早く自分の話し相手や『しんらい』の出来る友達をみつけて下さい　毎日が楽しくなると思います
では修　体だけは十二分に気をつけて　これからの人生をよーく自分の目でたしかめながら一歩一歩進んで行くのです　誰でもない自分の二本の足でね　さようなら　修へ　母より」（原文のまま）

便箋二枚に句読点もほとんどなく、たどたどしい字で書かれた母親の手紙は、初めて息子の便りをもらったうれしさにあふれ、一字一句に息子を思う母の気持ちが込められていた。

実は桜木学園に残されている修の育成録によると、母親菊子は修が在籍していた十二年間に三度、学園を訪れている。

しかし修と対面したのは修が十歳、小学四年生のとき一回だけ。それも「母親と言わないでほしい」という注文で、修には〝知りあいのおばさん〟ということで会っていた。

菊子は保母には四、五回手紙を書いているが、いずれも「事情があって行けない」「私の今の姿を見せると修にとって悪い思い出になる」といった内容。なかには「私はいま、婦人更生施設にいます」と書いてあったりして、刑務所を出たあとも、引き続き、生活に苦労していることがうかがわれる。

手紙による母親の励ましを受けて修は八〇年三月二十四日、桜木学園を卒園、近くの自動車整備工場に住み込みで就職した。十五歳の春だった。

桜木学園から車で十五分、黄色の中型フォークリフト、小型トラックがずらりと並ぶ整備工場。敷地内に一歩足を踏み入れるとプーンとオイルのにおいが鼻をつく。

高い天井からクレーンの鎖が下がっている広い工場の上が住み込み従業員の寮だ。従業員は四十一人。修がいた部屋は一号室だった。

「部品の分解と清掃をやらせていたけれどよくやってたんだよ。最近の若い者は他人が重い物を運んでたり、つらい仕事をしていても知らん顔のやつが多いんだ。オレはオレ、アイツはアイツ。自分のことさえやってればいいんだって変な割り切り方をする。修はその点、ちゃんとやってた。ただ、動作はのろく、声をかけても蚊の鳴くような返事しかしない。目を合わせるとニヤッとしてうす気味悪いところはあったけどね。施設出身ってことは知ってたから、積極的な反応があればやりようもあったんだけどね」

修と同室で、二段ベッドの下と上という関係だった現場主任（三二歳）は「もう少し修が打ちとけてくれたら」と残念がった。

中卒の同期入社が五人。そのなかで修はいつもボヤッとしているので、仲間から「ボケ」と呼ばれていた。

「四六時中いっしょにいるわけじゃないけど、声出して笑ってるのは聞いたことないし、何を考えてるかわからない子だったね。実はオレも孤児みたいなもんだったんだ。オレが生まれた直後に親が離婚、おふくろの実家に連れていかれたんだが、まもなく、おふくろはオレを実家に残して再婚した。それで本家の伯父さん夫婦に育てられたんだけど、いじめられてねえ。同じ年頃の子がいたけれど、何かと差別されたり、つらい思いのしどおしだった。それで、中学卒業したとき、家を飛びだし、以来ここの世話になってる。そんな話もしてオレ、修の兄代わりになってやろうと思ってたんだ」

ところが、修は入社後二カ月半たった六月二日に同僚の友人と二人で自転車を盗み、警察に補導される。

そして再び五カ月後の十一月四日に自転車盗で補導された。その後、修は寮に戻ってこなかった。

深夜に出かけ強盗未遂

修は自動車整備工場を飛びだした四日後、そこから北東へ八キロ離れた国鉄駅前のパン屋に住み込みで就職した。

「職業安定所の紹介で来た子だったけど、顔じゅうニキビだらけでね。ほとんどしゃべらない。こちらが聞けばボソボソと答えるだけで無口を通り越してましたね。一日中、一言もしゃべらなくても生きていける。そんな子でした」

パン屋を経営する社長（四二歳）は修のことを覚えていた。

駅前大通りに面するそのパン屋は前面がガラス張りで、十畳ほどの店舗と、その奥にパン焼き工場がある。

修の月給は十万円。修は近くにある従業員寮の一室に住み込み、仕事はパン焼きの手伝い。店の近くに女子高が二校あるので、開店の午前八時になると、店内は弁当代わりにパンを買う女子高校生であふれ、入口から歩道まで行列ができるぐらいの繁盛ぶりだ。そこへ、前日から仕込んであったパンの生地をオーブンで焼くために運びこむのが修の朝の日課だ。

「恥ずかしがり屋でね、入り口のところで、いつも立往生しちゃうんですよ。店に女子高校生がいっぱいいるので店のなかにパン生地を持って入ってこれないんだ。〝何やってんだ。早く持ってこい〟と怒鳴るでしょ。すると、ポーッと顔をまっ赤にしてね。女の子に触れないようにする姿が不自然だったね。寮の廊下でも、女子従業員が立ってると、スッとすり抜けて通るんだ。女性に触れることを、極端にきらっていたみたい」

こう語るのは先輩のパン職人（三一歳）。

従業員は七人だが、心を通わせる会話をした者はいない。というのも、修と同世代はおらず、いちばん若い人がこの人だ。

三十代のそのパン職人はこんな修の姿を見ている。

「パン焼いてるでしょ。すると〝ゴツン、ゴツン〟って音がするんだ。びっくりして振り返ると、修が壁相手にボクシングしてるんですよ。それも両手こぶしから血、出してね。朝からイライラして、おかしいなって思っていると必ず始めるんだ。目を鋭くさせてね。〝大丈夫か〟って声をかける雰囲気じゃないんで、放っておきましたがね」

そんな修にとって、このパン屋の生活は気に入ったらしい。

桜木学園を出てから逮捕されるまでの三年間に修は職を六回も転々と変えたが、いちばん長続きしたのが、このパン屋での一年半だった。

だが、一年過ぎたころから修は夜、異様な格好で出かけることが目立ちはじめた。

「黒シャツに黒ズボン、そして黒ぐつと黒ずくめ。その黒シャツの胸には赤いツバキの花の刺しゅうがしてあるんだな。〝どこへ行くの〟って声をかけても〝ちょっと〟ってニヤニヤするだけ。〝警察に捕まるような悪いことしちゃダメだよ〟と言うと、〝大丈夫です〟なんて言って出かけて行く……」とパン職人。

その心配は現実になった。

八二年四月六日早朝。社長の自宅に警察から電話がかかってきた。

社長は語る。

「明け方、修がライター、ガムテープ、軍手、ドライバーを持ってうろついていたんで調べたら、近くのアパートで起きた強盗未遂の犯人だとわかったと言うんです。他にも、近所の薬局や病院などでも泥棒したって……」

修はパン屋ではいつも両足に鉛の輪をはめ、食事の最中も、片手で握力バンドを握り、筋力アップに一生懸命だった。

「山登りが好きだと言って、そのためにいつも体を鍛えていたんです。しかし、それだけでは足らず、ジャンパーに鉛の入った訓練服が欲しくて、そのために金を盗みに入ったらしいんですね。給料十万円のなかから毎月三万円を貯金させてましたから、言ってくれれば、その程度の金は出したのに。そんな修の心に気づかなかった私が悪いんですけどね」と社長は顔をくもらせた。

だが、修はこのころから一人暮らしの若い女性を狙いはじめていたようだ。

修はこの事件で、初めて少年鑑別所に送られ、家庭裁判所で保護観察処分、つまり保護司の監督の下で生活することで、少年院送りは免れた。

社長は鑑別所に面会に行った。

「おかしくなりはじめた頃と違って、目付きがやさしく、柔和になってましてね。修に〝また戻ってこいよ。私が引き取るから〟って言ったんですが、あんな事件を起こして、もう帰りづらかったんでしょうね。鑑別所から出て、荷物を取りに戻ってきたとき、うちのばあちゃんが〝つらいことがあったら、いつ戻ってきてもいいのよ〟って声をかけたら、修、笑って手を振ってたって。修のあんないい顔見たことがなかったって、ばあちゃんから聞かされて、涙が出てねえ。それっきり会っていないんですが……」

社長の母の呼びかけに耳を傾け、このパン屋に戻っていたら、修にとって別な人生が開けていたのではないかと思うと実に残念な気がする。

あてのない修はいったいどこに行ったのだろうか。

テレビニュースがヒント

桜木学園から歩いて十二、三分のところに二階建ての更生保護施設がある。白壁のモダンな造りは一見すると高級マンションのようだ。

家庭裁判所で保護観察処分を受けたが、身元引受人がいない場合、保護司が直接預かって生活の面倒をみるところがこの更生保護施設だ。

修は八二年五月十一日、少年鑑別所を出ると、パン屋には戻らず、この施設に入所、そこの保護司（三五歳）の紹介で、私鉄で約四十分かかる隣県の鉄工所に通うことになる。

裸一貫で地方から出てきて、鉄工所を設立した社長（五五歳）は女子大生暴行殺人事件の新聞記事を見たとき、「修じゃなければいいがなあ」と思っていた。

小柄で、頭に白いものが目立ちはじめている社長は語る。

「更生という意味で、協力できるものならと採用したんです。毎朝、近くの駅まで私が車で迎えにいく。仕事が終わるのが遅くなった場合には私の家に泊めるという条件で。当時はけっこう仕事がありましたんで、超過勤務も多かったですから、私のところにずいぶんと泊まりましたよ。修はちょっと変わってましてね」

社長の家に泊まった翌朝のこと。朝食に出されたミソ汁のアサリの固い殻を修はバリバリと食べて見せた。

「修、〝これおいしいんです〟って食べるんですよ。女房がそれを見てびっくりする。それがまた修にはうれしかったんでしょうかねえ。何か、こう、いじらしくて……。保護観察の六カ月が過ぎたら、うちに下宿させて、息子が一人増えたと思って世話しようと女房とも話をしてたんです。立ち直ってくれたかなと思っていた矢先、修の服装がガラッと変わって……。それから一カ月後、〝仕事がきついから〟って辞めてしまったんです。いまから思うと残念でしょうがありません」

社長がいつもの駅に修を迎えにいったとき、修は例の黒ずくめのシャツとズボンに白いエナメルの靴をはいて立っていた。

このころから、すでに一連の犯行が始まっていた。

施設の保護司は言う。

「鉄工所に通ったのは四カ月間でした。最初の一カ月は何ごともなく過ぎたんですが、六月になってから、門限の十時を過ぎて遅く帰ってくることが五回も連続したんです。何をしているのか確かめておく必要があると思って、修が外出するときに、あとをつけてみたんです」

夜の午後八時。修は施設を出て、桜木学園のほうにブラブラと歩いていき、途中で四階建てのマンションに入った。

修に気づかれないように保護司が見張っていると、約五分後、マンションから出てきて、駅の繁華街へ。

雑踏のなかで保護司は修を見失ってしまう。

「その日も、門限を過ぎた午後十一時すぎに帰ってきたんで、〝どこに行っていたのか〟と詰問すると、修は〝散歩してきた〟と答えるだけなんです。〝お前は保護観察中なのだから……〟と厳しく注意したら、その後、夜の外出がなくなって、ホッとしていたんですが……」

だが、あとでわかったことだが、この日、修は女子大生の部屋に侵入、騒がれて逃走していたのだ。

修はこのころから一人住まいの女性を狙った住居侵入、暴行未遂事件を二回、三回とくり返し、鉄工所を辞めた直後の九月七日、六回目の住居侵入未遂事件を起こして、現行犯逮捕される。

例の木下弁護士が最初にかかわった事件だ。

そして修は短期少年院に送られ、五カ月後の八三年三月八日に仮退院。

再び同じ更生保護施設に戻り、運転手、塗装工見習い、と職を変えるが、いずれも十日と長続きせず、四月二十七日、女子大生暴行殺人事件を起こすことになる——。

警察の調べに対し、修は犯行の動機を次のように述べている。

「女性とセックスしたいと思ったのは、自動車整備工場当時、自転車盗でいっしょに補導された友人（二〇歳）が女友だちとセックスしているのを隣室の欄間越しにのぞき見し、強烈な印象を受けたのが最初です。そして更生保護施設にいたとき、〝失神暴行魔事件〟をテレビニュースで知った瞬間、失神させれば、たやすく成功するかもしれないと思いました。少年院では先輩にセックス体験を聞かされたうえ、胸を殴りつけてから首を絞めるとうまくいくと教えられ、日がたつにつれ、女性を失神させて暴行したいという考えがいっそう強くなってきました。しかし七回も女性を襲おうとしましたが、全部失敗しました。そのため、いまだに童貞です。一度でいいから目的を遂げたいという気持ちが頭から離れず、大変なことをやってしまいました」

異常な性体験

失神させて女性とセックスすることに異常な執着を示す修の性に対する意識はどのように形成されていったのだろうか。

修の性の目覚めが最初に露呈したのは桜木学園時代の中学三年の夏だった。修は異様な姿で宿直の保母室に侵入しようとした。

「午前零時くらいだったと思います。電灯消して横になってたら〝カサッ、カサッ〟と音がして、十センチくらい開いていたサッシの窓がスーッと開いて手が見えたんです。よくのぞきにくる子がいたんで、〝また来たな〟と待ち構えていたので、見えた手を思いきり中へ引っ張りこんだら修だったんです」

この保母は語りたがらないが、このときの修は白マスクに帽子をかぶっていたという職員や、白手袋に黒い覆面姿だったという保母もおり、ともかく異様な姿だったのは間違いない。

「他の子がのぞきにくるときはいつも集団でワッと来て、こっちが起きるといっせいにパッと逃げていくんです。女性に対する興味もあるだろうけどふざけ半分という感じで。ところが修の場合はそれまでにそんなそぶりも見せたこともないし、一人だったのでびっくりして……。引っ張りこんだら抵抗なくスンナリと部屋のなかに入ってきたんです。私は異常な感じがしたので、カーッとなって〝何やってんの〟とどなりつけたんです。哲二とか武司なんかだったら、ふだん、からかったり、からかわれたりのコミュニケーションがあるから、その延長線上でやってきたなという感じがするんですけど、修の場合はまったくコミュニケーションがなかったから、よけいに異常な感じがしたんです」

当時はまだ職員集団のあいだで激しい対立が続いており、問題行動を起こした子は教護院送りなどで切り捨てようとする例の職員グループが残っていた。

「修を切り捨ての対象にさせたくなかったから職員会議で取りあげることもなく内密にしたんです。職員集団がきちんとしていれば、正面から対応できたのに、と悔いが残っています」

この保母は事件後に退職、いまは結婚している。

「いまにして思えば、あのとき修は私に人間関係を求めてきたような気がするんです。その相手に私を選んでくれたのかもしれないんです。しかしそのときは修の異常さばかりに気をとられて、そう考える余裕がなくなっていたから、修の求めを拒否してしまったんです。そのときに修との接点を作っておけば、修はもっといい方向に向かったのかもしれません。保母をやめたのは修の事件も含めて子育ての限界を感じたからなんです。子どもには母親の盲目的な愛がとっても必要なんです。でも私は母親にはなりきれなかったんです、盲目的には。やはり自分がかわいくなる場面が出てきてしまったんです」

修の性を問題にする場合、見落とせないのは少年期にどんな体験をしたかだ。

しかし修自身から聞きだせないので、修と同世代の卒園生の話をもとに推測するしかない。

桜木学園が混乱しはじめた修の小学四年当時、中学生が保母さんを部屋に連れこんで全裸に近い状態にし、小学生たちに体を触らせた、という話は前にも書いた。このとき、修がそれに加わっていたか、あるいは直接加わっていなくともこれに近い体験をしたであろうことは容易に想像できる。

もう一つ卒園生の証言で見落とせないのは、小学校低学年時代に上級生である中学生の性器を〝口に含ませられる〟という異常な性体験を何人かの卒園生が持っていることだ。

卒園生の一人はいう。

「真夜中に起こされて布団のなかとか押し入れのなかで〝なめろ〟って言うんです。卒園生にやらされたこともあります。汚いし、いやでいやでたまらなかった。早く大きく強くなって、そいつらをみんなぶっとばしてやろうと思ってたんです。いまだにそれを思い出すと許せないんです。むかつきますよ」

またある卒園生は、自分の体験に触れられると「そういうことはありました。でも、詳しいことは話したくありません」と顔を苦しげにゆがめ、幼少時の忌わしい体験が成人したいまも心の傷となっていることをありありと示した。

桜木学園でゆがんだ性体験をくぐった修は就職してからも、奇妙な行動を目撃されている。いちばん最初に就職した自動車整備工場の従業員寮で食事の世話などをしている賄婦（六六歳）はこんな場面を目撃していた。

従業員寮の隣には計器会社の女子寮がある。その女子寮の部屋が従業員寮のトイレから見渡せるのだ。

「トイレに入ると、まっ暗ななかに修がじっと立ってるんです。そんなことがたびたびあって、トイレの窓にガムテープ張って、のぞかせないようにしたら、こんどは私のめいが遊びに来たとき、めいがふろに入ってるのをのぞいたんです」

その次のパン屋でも実は異様な出来事が起きていた。

従業員の忘年会があった日の翌日のこと。寮の前の垣根に二匹の猫の死がいがぶら下げられていた。

ビニールひもでネコの首が絞められているうえ、目と口にはガムテープ、そして陰部に棒が突っこまれていた。

「忘年会にお前もこいよ、と声をかけたのに、修はこなかった。どうしたのかな、と思っていた翌日のことでしょ。それに、修が強盗未遂を起こして警察に捕まったとき、ガムテープやビニールひもを持っていたし。それで〝猫事件〟は修の仕業だということになっているんです」

とパン屋の社長は言う。

衝動を我慢できず

一人住まいの女性を八回も狙い、殺人事件となったあとも、さらに三回も暴行未遂をくり返した修――。

少年鑑別所で判決が四年以上だったらクロロホルムを使って再び女性を犯すという計画まで書き、女性を失神させて暴行することに異常な執念を示している修――。

修のこうした行動を専門家はどう分析、解釈するのだろうか。

「小さいころから愛され、お前は大丈夫だよという信頼感に包まれて育った子は思春期になって衝動が強くなっても、わりあい早く自己抑制ができるんです。だけど修のように育った場合には、自分の欲求を抑え、相手のことを考えるという人間関係の基本的なものができあがっていないから、衝動に応じて人を殺してしまうことにもなるんです。こういう子には変質者とか、精神病質的人格であるとかいうレッテルをすぐ張る人もいますが、変質っていったい何なのでしょうか。ある発達の時期に、非常にゆがんだ環境のなかに置かれ、人間形成作用にゆがみを持ち、それが習慣化した場合、どうしてもそういう行動に進まざるをえない状況になる。発達心理をやった私にとって、修の場合はそこまでみじめな育ち方をしたせいではないかという気がするんです」と聖心女子大の岡宏子教授（発達心理学）は分析する。

思春期というのは自我が強く、自分のしたいことをするけれど、同時に、相手の人格を認めるという共鳴、共感の時代に突入する。

「ところが、自己高揚感、つまり、自分が幸せであり、自分というものに自信を持ち、自分だけでなく、他人をも尊ぶという心がないと、共鳴、共感が薄くなるんです」と岡教授は次のような具体例をあげた。

ある平凡な家庭の話だ。四人きょうだいで上三人が男、いちばん下が女の子だ。

両親はいちばん上が男だったので、二番目は女の子を望んだが男だった。三番目も女の子と思ったが、これも男の子。やっと四番目に女の子が生まれたので狂喜して喜んだ。

「両親はまんなかの男二人は放ったらかして、いちばん下の女の子を猫かわいがりした。いちばん上のお兄ちゃんは、両親が特別な目を女の子にかけても、たった一人で愛された経験があるし、自分もいっしょにいたわってやるんです。ところが、おさまらないのは、二男、三男。親には反抗するし、だんだん悪ガキになってゆく。それに両親も気がつかない。あるときいちばん下の女の子はチヨちゃんと呼ぶんですが、〝ママ、チヨちゃんにものを言うときに出す声はどこから出るの？〟って二男が言ったんです。それでお母さんはギョッとして、初めて二人が反抗したり、悪態ついたのは自分がそんな態度をとっていたからだと反省したんです。長男は以前から長男としてたてまつられ、自己高揚感があるから我慢できたんです。だけど、それがなかった二男、三男は我慢できなかったんですねえ」

平和な普通の家庭に育っても、こんな違いが出るのだから、修の場合は何をかいわんや、というのである。

少年鑑別所で修が書いた〝犯行計画〟も普通の大人が推理小説を読むような感覚で「こうしたらおもしろいなあ」という〝白昼夢〟を書いただけであって、法廷で「本気でやるつもりなら、あんなことは書かない」と証言しているように、実際にやろうと思って修は書いたのではないだろうと岡教授は分析する。

「ただ修のように未発達で、自己統制力が育っていないと、いたずらで書いたことが、ある瞬間に現実になることはありうるんです。テレビの暴力場面や強烈なセックスシーンも、まともに育ったといったら変ですが、自己統制力がついている人間にとっては別の世界のことという見方ができるけれど、そうでない人間にとってはカーッとしたとき、具体的なモデルになりうるんです。このごろ、小学生の自殺が増えていますが、死にたいと思ったとき、前にテレビなどで見た方法を瞬間的にモデルにして真似してしまうんです。修はもちろん、衝動も強いし、性欲も強いでしょうし、学校に行ったから字を書くこともできる、テレビなどの影響をモデルにすることもできるでしょう。しかし、クロロホルムを使ったりする計画を描くこと自体は、実行しようと思って冷徹に考えているのではなく、大人が推理小説を読むようなつもりで〝あれをしたらおもしろいなあ〟と思いめぐらしながら夢想のようなものとして描いたと思います。しかし、ある瞬間、衝動と結びついたとき、現実になることはありえます」

岡教授はゆがんだ育てられ方をした修の現実感覚の喪失こそ、修の行動を解釈するうえでのキーポイントになるのではないかと指摘、瞬間的にモデルになる例として東京・台東区で起きた靖子ちゃん事件を説明してくれた。

感情欠如こそ大きな問題

靖子ちゃん事件というのは七九年十月、東京・台東区の十三階建てマンションの屋上から小学校二年生の靖子ちゃん（七歳）が突き落とされ死亡した事件だ。

警視庁捜査一課と上野署は靖子ちゃんといっしょに遊んでいた小学四年生のA子（一〇歳）を

犯人と断定、補導した。

　A子は靖子ちゃんといっしょに塾に行っていた友だち同士で「〝お姉ちゃんのクラスは運動会の成績が悪い〟と悪口を言われたため、こらしめてやろうと思って突き落とした」と犯行を認めた。

　靖子ちゃんは両手を縛られ、タオルで目隠しされ、しかも屋上は高さ一・四メートルの手すりがついていたため、A子は靖子ちゃんとかくれんぼなどして遊んでいるうち、発作的に突き落としたとされ、非情な〝感情突出殺人〟として反響を呼んだ。

「当時、テレビ局が犯人のA子の生い立ちなど詳細なデータを持ってきて、コメントしてほしいと頼まれたので、よく覚えています」と岡教授。

　岡教授によるとA子は掃除婦だった母親が生みたくない子で、経済的にも育てることができないため、生後間もなく他人に預けられた。何人かの人のあいだを転々としたあげく、同じ掃除婦で、子どもを欲しがっている仲間に養女として引き取ってもらった。

「ところが育ててみて養母は驚いたんです。公園に散歩に連れていくと、親に手をつながれ、うれしそうにしている子どもを見つけると、追っかけていって殴ったりするんです。こりゃあ、かわいそうな子だと、ご主人もいっしょになって愛情をそそぎ、ご主人のひざの上で口を開けておさしみを食べたりするようになったんです。つまり、修復ができて人間性を取り戻すことができたと喜んでいたら、ご主人が突然、急死してしまったんです」

養母は自分一人ででも育てようと思っているところへ、生みの母親が現れ、経済的に豊かになったので、自分が育てると言って、いやがるA子をむりやり引っ張って連れていってしまった。生みの母親はマッサージ師となり、家賃十万円の高級マンションに住んでいた。しかし仕事が忙しく、夕食は毎日、A子に千円渡し外食させるという生活だった。

「そんなとき、友だちになったのが、靖子ちゃんで、母親は学校の先生で、昼間は家にいない。そこで塾で知りあっていっしょに遊ぶようになったんです」

問題は、なぜいっしょに遊んでいる靖子ちゃんを屋上から目隠しして突き落とすような残忍なことをしたかである。

「A子は靖子ちゃんから悪口を言われ、カーッとなった瞬間、以前、テレビか何かで見たシーンが頭に浮かんで、それをモデルにしたのではないか。自己統制力を失ったとき、テレビのシーンなどがモデルになりうるんだと説明したんです」

岡教授によると、人とのかかわりのなかで、人間が特別なもので、自分も相手も尊重して、そのあいだには信頼関係がなければならないという基本的な考え方が育っていることが大切で、それがないと衝動が起きたり、何かの条件が悪かったりすると、人殺しや婦女暴行に発展していくという。

その抑止力ともなる自己高揚感は、いちばん最初は母子依存関係による乳児期の交流の喜び、つまり、母親が抱いて育てて、お互いにあたたかい関係が成立して安定感と信頼感とともに、人間というものが、まわりのものより特別のものだということを体得することが子どもにとっての最初の基本だ、というのである。

「乳幼児期に親が最初から放りだしたり、実際に親がいても希薄な関係でしかなかったり、憎しみや不安定な心の状態で子どもと接したりしていると、自己高揚心は育ってこないんです」と岡教授は親とのかかわりの大切さを強調するのだった。

A子は三日間、警察で調べを受けたあと、児童相談所に送られた。

「刑事さんが〝このおじさんたちの言うことをよく聞くんだよ〟と言うとA子は〝おじさん、もう帰っちゃうの〟と言って涙を流したというんですね。〝ボクはわからなくなった〟と刑事さんが言うんですが、〝どういうことですか〟と聞かれたので、私には、その女の子が人とのつながりをものすごく求めていたことがわかると言ったんです。人間を人にしていくプロセスのなかで、女の子のなかには人を求める心が育ちながらも、ほんとうの信頼感と安定感が得られなくて、引き離されてしまう。そんな状態のなかで、刑事さんにやさしい言葉をかけられただけで、A子はなついてしまうんです。そういうA子の心の状態を考えなきゃいけないとコメントしたのを覚えています」と岡教授。

小児療育相談センターの佐々木正美所長は「人間的にかかわりたいという修の表現が、あのような形で出てきたのであって、人間は孤立すればするほど、衝動的になるものです。修の性格的な面もあるけれど、修を育てた環境が大きな問題です。こんなに愛されないで育った子は見たことがない」と語った。

川崎の金属バット殺人事件、新宿のバス放火殺人事件など数多くの精神鑑定をし、犯罪心理学では権威のある上智大の福島章教授はどう分析するのだろう。

「性には衝動としての性と、その衝動をどう具体的に表現していくかという行動パターンとしての性の二つの面があるんです。その行動パターンとしての性は学習して学んでいくものですが、修の場合、幼児期の母親をはじめとする人間関係が不十分だったために、女性に近づいて話をしたり、友だちになってかかわり、そのうえで肉体的な接触を持つという行動パターンの修得がそもそもできていないんですね。人間の場合、性愛と言いますが、性と愛はもともと結びついて発達してくるものなのです。暴力やリンチ体験、抑圧された性体験などゆがんだ形で性を学習してきた結果、修の性の行動パターンのなかでセックスと暴力とが結びついてしまったのではないでしょうか」

これを精神分析的に説明すると、修の場合、人間関係ができないために、セックスと愛情が分離した状態、性を愛に結びつける水路が閉ざされてしまい、性だけが浮きあがってしまっている、という。

「つまり、修にとって、女性は単なる性の道具でありさえすればいいわけで、人間的な関係がないほうが逆に都合がいいことにもなるんです」と福島教授。

何度も修が暴行未遂をくり返したという点も「性犯罪の場合、性衝動の満足をともなう学習効果があるので、一度やるとパターン化して反復するのが特色なんです」という。

しかも修の場合は「警察に何度もマークされる危険を犯してまでやっている。つまり、自分自身を大切にしていないんですね。それだけじゃなく、相手を哀れみ、いたわる気持ちもないから、何度でもできるわけで、そうした修の情性欠如こそ大きな問題で、これは幼少時から彼自身が愛されたり、大切にされたことがないことや、保母さんを強制的に裸にしたり、口に含まされるという性の体験が暴力支配的なものとして学習されているためではないでしょうか」

女性を失神させないとかかわれない、という修の人間的未成熟さからきたツケは、一審の裁判では修自身の責任に帰せられていく。

第5章　一審判決

証言台に立つ修

修の〝女子大生暴行殺人〟事件を裁く地方裁判所の審理は八三年十月から始まった。口にブラジャーを押しこみ、首を絞めた。そして良子が窒息死した——という事実関係は検察、弁護側双方に争いはなかった。

しかし、殺意があったかどうかは、修の未成熟な人間とのかかわり方をどう考えるか、ともからんで一審の最大の争点となった。

刑事部法廷は桜木学園の主任保母、卒園生、指導員と次々に証人を呼び尋問した。

そして八四年一月三十一日、最後に修が証言台に立つことになった。

それまで木下弁護士が面会に行っても、ほとんど会話らしい会話を交わすことができず、修の心のなかを聞きだせないでいた。

事件に対し、修は何と言うのか、どう説明するのかが、判決を左右するだけに、木下弁護士は緊張した。

木下弁護士は質問のため立ち上がった。

勤務先、少年院に入った事実関係を聞いたあと、質問は次第に核心部分に移っていく。

木下弁護士　良子さんを殺すつもりだったんですか。
修　殺す気はなかったです。
木下弁護士　どういうつもりで首を絞めたの。
修　失神させるつもりで……。
木下弁護士　殺そうという気はなかったの。
修　なかったです。
木下弁護士　どうして。
修　……。
木下弁護士　おとなしくさせようという気はあったんですか。
修　そうです。
木下弁護士　失神させてやろうという気持ちと、おとなしくさせてやろうという気持ちが同時にあったんですね。
修　そうです。
木下弁護士　騒がれたら、どうしますか。
修　そのまま逃げます。
木下弁護士　騒がれたら殺してもいいという気は、なかったのですか。
修　なかった。

木下弁護士　どうしてですか。

修　初めから殺す気はなかった。

木下弁護士　死んでから乱暴しようという気持ちはあったの。

修　ないです。

木下弁護士　死んだらやる気はしないの。

修　ないです。

木下弁護士　両手で首を絞めたんでしょう。

修　そう。

木下弁護士　首を絞めれば、人は死ぬでしょう。

修　……。

木下弁護士　先生方からそう教わらなかったですか。

修　首絞めればそうですけれど……。

木下弁護士　首を絞めたときはどう考えていたんですか。死ぬかもしれないと思ってましたか。

修　そうは思わない。

木下弁護士　首を絞めたとき、何を考えていたんですか。

修　静かにさせようと……。

木下弁護士　失神させようということと違うのですか。

修　　いっしょです。

木下弁護士の質問に対し、修は首を絞めたのは失神させるためであって、殺すつもりはなかったと答え、殺意を全面的に否定した。

しかし、現実に良子は死んでいる。

失神と死の違いを修はどこで区別したのだろう。

木下弁護士　それで良子さんはどういう状態になったんですか。

修　失神したのかと……。

木下弁護士　どうなったから失神したと思ったの。

修　声をあげなくなったりしたから。

木下弁護士　それから、どうしたの。

修　ふとんの上へ持っていったんです。

そして修は、良子さんをふとんの上に運び、裸にして、乱暴しようとするが、事前に果ててしまったことを証言した。

木下弁護士　それから、何をしましたか。
修　あんまり動かないんで、おかしいと思ったから、息を確かめてみた。
木下弁護士　良子さんが息をしているか、確かめたのですか。
修　そう。
木下弁護士　息をしてましたか。
修　息をしてなかった。

つまり、修の証言によると、良子は失神したと思って裸にした。そして、しばらくしてあまり良子が動かないので不審に思って息をしているかどうか確認して、初めて死んでいることに気づいた、というのである。

木下弁護士　それからどうしたんですか。
修　怖くなって逃げたんです。
木下弁護士　犯行のあと、良子さんは死んだと思ってましたか。
修　そう。
木下弁護士　死んだと思っていたんですね。
修　そう。

木下弁護士は修が良子さんの死をどの程度認識していたかを聞き出そうとする。

木下弁護士　注意してテレビを見ていたんではないの。

修　……。

木下弁護士　テレビは見ないの。

修　そんなに注意してまでは……。

木下弁護士　注意してまでは見ていなかった、と言うんですね。

修　そう。

木下弁護士　ひょっとしたら死なないかったんじゃないかと思っていませんでしたか。

修　そう。

木下弁護士　どっちなんですか。死んだと思っていたの。

修　はっきりとは死んだと思っていなかった。

木下弁護士　でも顔を寄せて、息をしているかどうか確かめたんでしょう。

修　そう。

木下弁護士　そのとき息はしてなかったんでしょう。

修　……自分は、そう思っていたんですけど。

木下弁護士　その場所から離れてから、もしかしたら死んでなかったかもしれないと、思っていませんでしたか。

修　はい。

心証など無関係に発言

続いて木下弁護士は交友関係、桜木学園でのリンチ体験、少年鑑別所で書いたメモについても聞いていく。

木下弁護士　女の友だちはいままでにいましたか。

修　いないです。

木下弁護士　君はいままで女性とのセックスで成功したことはありますか。

修　ない。

木下弁護士　女性とどうやって付きあったらいいと思いますか。

修　……。

木下弁護士　女の人と友だちになるには、どうしたらいいと考えますか。

修　……。

木下弁護士　わからないの。

修　ええ。
木下弁護士　いままでで、楽しかったことはありますか。
修　ないです。
木下弁護士　何もないの。
修　ないです。
木下弁護士　勤務先でいちばんよかったのはどこですか。
修　パン屋。
木下弁護士　どういう点がよかったの。
修　……。
木下弁護士　何がいちばんよかったの。
修　……。
木下弁護士　わからないですか。
修　あんまりわからない。

事件の事実関係については意外にすらすら答える修だが、これまでの生活について自分がどう思ったのか、といった気持ちや意見を聞かれると「……」と口をもぐもぐさせ、黙ってしまう。心のなかで何か感じているらしいのだが、それが言葉になって出てこない。いや、もしかしたら、言葉にできないのかもしれないのだ。

木下弁護士　お母さんに会ったことはありますか。
修　最近はないです……。
木下弁護士　いつ会ったことがありますか。
修　小さいころ。
木下弁護士　何歳のころですか。
修　覚えていない。
木下弁護士　桜木学園ではいつも殴られていましたか。
修　そう。
木下弁護士　どこで。
修　部屋とか娯楽室。
木下弁護士　だれから殴られましたか。
修　先輩から。
木下弁護士　院長代理から殴られたことはありますか。
修　……。
木下弁護士　ないですか、どうですか。

修　覚えてないです。

木下弁護士　毎日殴られていたの。

修　そう。

人間はその乳幼児期にたっぷり親に甘えるという依存体験を通じて、信頼感を学び、自立していく基盤をつくっていく。

別な言い方をすれば、親や他人から愛され、大切にされる体験を通じて、他人を愛し思いやる感情や心を学んでいく。

こうした道筋は発達心理学者などによって明らかになっている。

証言台に立っている修は生まれてから現在まで、だれかに大切にされたり、愛されたことがあっただろうか。いつも孤立し、人間らしいかかわりを持ったことさえなかったのではないだろうか。

引き続き木下弁護士は修が事件に対し、どう思っているかを尋ねる。

木下弁護士　こういう犯罪を犯して何がいちばんいけないと思いますか。自分自身の意志が弱いことですか。

修　そう。

木下弁護士　もう二度とやらないという自信がありますか。
修　……。
木下弁護士　どうですか。
修　……。
木下弁護士　わからないですか。
修　わからない。
木下弁護士　じゃ、やるかもしれないの。
修　やらないですけど。
木下弁護士　この前、自信がないと私に言ったでしょう、あれはほんとうじゃないの、もう二度とやらないという約束はできますか。
修　だから……。
木下弁護士　できますか。
修　……。
木下弁護士　自信がないですか。
修　……。
木下弁護士　良子さんが死んで君はどう思っていますか。
修　……。

木下弁護士　わかんない。
修　……。
木下弁護士　申しわけないことをしたと思っていますか。
修　申しわけないと……。
木下弁護士　申しわけないと思っていますか。
修　はい。

心証をよくしたいという木下弁護士の質問の意図はありありだが、被告席の修にとって心証などは無関係のようにみえた。

それどころか、証言台で質問に答えることが自分自身にとってどんな意味を持つのか、それさえ理解していないように思われた。

続いて立った検察官は、案の定、首絞めの行為に殺意があったという前提で厳しく修を追及してきた。

反省心ないと決めつける

検察官　首を絞めれば死ぬということは、知っていたのでしょう。

修　はい。

検察官　いつごろから知っていたの。

修　……わからない。

検察官　君は中学校までしか行ってないが、首つり自殺とか、首を絞めて殺されたとかは聞いたことがあるでしょう。

修　あります。

検察官　首を絞めれば人は死ぬんだ、ということはわかっているんでしょう。

修　はい。

検察官　それがわかっていながら、どうして首を絞めたんですか。

修　失神させようと思って……。

検察官　失神で終わるか死ぬかは、紙一重じゃないですか。

修　いえ、そう……。

検察官　どうしたら失神して、どうしたら死ぬか、わかりますか。

修　ずっと絞めれば死ぬと思って……。

検察官　時間の長短だけですか。

修　……。

検察官　死ぬのも、失神で終わるのも、やり方は同じだね。

修　　そう。
検察官　君は起訴されただけでも八人の女の人の首を絞めていますね。
修　　はい。
検察官　八人とも死んだかもしれない状況じゃなかったんですか。
修　　……。
検察官　たまたま隣にいた人が声をかけたとか、人が来たとか、それでやめたのもあるわけでしょう。
修　　そういうのはない。
検察官　外からドアをたたいて、どうしたの、と声をかけられたことがあるでしょう。
修　　はい。
検察官　そういうことがなかったら、ずっと首を絞めつづけたんでしょう。
修　　騒がれたら、そのまま逃げようと。だから、絞めたり、絞めなかったりしていた。
検察官　騒いだというのは、君が首を絞めた女の子が騒いだんじゃなくて、まわりの人が騒いだので逃げたのもあるでしょう。
修　　そう。
検察官　そういうときにまわりの人が騒がなかったら、首を絞めつづけていたんでしょ。
修　　だから、絞めたり絞めなかったり……。

検察官　絞めたり、絞めなかったりしたんですか。
修　全部、そういうふうな感じでやってたんですけど……。
検察官　良子さんの場合はどうですか。
修　良子さんもそう……。
検察官　良子さんの場合は、ずっと首を絞めつづけていたんじゃないですか。
修　……最初は、そうやっていたんですけど。
検察官　最初というのは。
修　ネクタイを使ったとき。
検察官　あとは違うという意味ですか。
修　……だから……手のときも、初めはそうだったんですけど。
検察官　君が首を絞めて、死んだのは一人だけれど、客観的にみたら八人みんな死んでもおかしくないいんじゃないの。
修　そうじゃないんですけど……。

修は正直に自分の気持ちを語っているように見えた。しかし、検察官は、良子の場合は、殺してでもいいから乱暴したいという気持ちが働いたとするのが立証趣旨のようだ。
そして最後に、裁判官たちの心証を決定づけるような質問をした。

検察官　四月二十七日に良子さんを殺し、二十九日にはテレビで死んだことを知っていましたね。
修　はい。
検察官　どう思ったの。
修　……。
検察官　わかりませんか。
修　……。
検察官　その後は五月十三日でしたね。
修　はい。
検察官　××区内のA子さんのところへ行って首を絞めたね。
修　はい。
検察官　五月三十日には××区のB子さん、六月十三日にはC子さん、どっちも前に人を殺した方法でやってますね。
修　……ひものときと、手でやったときと……。
検察官　良子さんのときも、ひもと手と両方使っているでしょう。
修　はい。
検察官　どういうつもりで、こんなことするんですか。

修　……。
検察官　人を一人殺したあとでしょう。
修　……。
検察官　それなのに、また同じ方法で犯行を犯しているのは、どういうつもりですか。
修　……。
検察官　わかりませんか。
修　……。

検察官は修が良子を殺したあとも、同じ方法で三人の女性の首を絞めたことを法廷で明らかにし、修に反省心がないだけでなく、このままの状態だと、また第二、第三の犯罪を犯す可能性があることを示唆した。

弁護側、検察側の証人尋問が終わると、今度は裁判官の番だ。

三人の裁判官が交代で質問していく。

自分でもわからないです

最初の裁判官は修の首絞め行為に殺意があったか、なかったかを確かめようとする。

警察の調書で修は「良子さんの首を絞めたとき、グーとかゲーとかうなり声をあげた」と述べている点をとらえ、具体的にどんな状況だったかを細かく聞いたあと、良子のほかに十人の女性を襲ったときと、どこが違うかを質問していった。

裁判官　あなたは、これまでに女性を乱暴する目的で失神させたことが何回かありましたね。
修　はい。
裁判官　そのときの被害者の反応と、良子さんの反応で違うところが何かありましたか。
修　同じだと……。
裁判官　今まで被害者がゲーとかグーとか、声を出したことがありますか。
修　それはないと思います。
裁判官　ゲーとかグーとかいう声を聞いて、相手がどういう状況だと思いましたか。
修　考えません。
裁判官　首を絞めるという行為は、一つ間違えば人が死んでしまう大変な行為であることはわかってますね。
修　……。
裁判官　失神させるつもりだったと言うけれど、失神で止められる自信はあったんですか。
修　死ぬと思ってなかった。

裁判官　首を絞めると死ぬ、と思ってなかったんですか。

修　ずーっと絞めてれば死ぬけれど。

裁判官　時間が短ければ大丈夫と思ったということですか。

修　そうです。

裁判官　時間がこの程度なら大丈夫という見当はついてたんですか。

修　あまりついてない。

裁判官　力を入れたり、いろいろ反応を見ながらやってるんだ、と言ってたね。

修　はい。

裁判官　これは良子さんのときも同じですか。

修　そう。

裁判官　どういう反応があったので、どういうことをやった、ということを具体的に説明してほしいんだが……。

修　暴れなくなったとか、おとなしくなったとか……、力入れるときは抵抗するときで、力を抜いたときは、おとなしくしたとき、と……。

裁判官　力を入れたり、ゆるめたり、何回ぐらいしたんですか。

修　記憶にないです。

裁判官　君の言うとおりだと何回も首を絞めることになるね。

修　はい。

裁判官　ネクタイで絞めたときも何回も絞めたんですか。

修　そうです。

裁判官　良子さんが死んだことを知ってどう思いましたか。

修　死んだときは、もうやめようと思ってたんです。

裁判官　次の犯行まで二週間しかたっていないけど、今、考えてみて、どうしてまた二週間ぐらいでやったと思いますか。

修　自分でもわからない。

裁判官　裁判になって、もうやめようと思うと言うんだけれど、いま、やめようという気持ちと、良子さんが死んだとき、やめようと思った気持ちと、どこか違うところがありますか。

修　……。

裁判官　特に思い浮かびませんか。

修　……。

最初の裁判官は質問を終えた。

「死んだときは、やめようと思ってたんです」「自分でもわからない」と答える修の表情には、感情の揺れは少しも感じられない。

悪いこととは知りつつも、女性とかかわりたいという欲求を抑えることができない修。普通の家庭で愛情をたっぷり受けて育った人間ならまだしも、人間として成長するスタートの段階である乳児院で疎外され、養護施設ではリンチや虐待を受け、ますます孤立してしまった修――。

反省しろと言われても、どういうふうにすれば反省したことになるのか、それさえわからないのではないか。そんな思いにかられているあいだも裁判官はしきりに反省心があるか、ないかを問いつづける。

広い法廷の証言台で両手をもじもじさせながら立っている修。やりとりを聞いていた木下弁護士の額のしわはいちだんと深くなっていく。

それを無視するように、二番目に質問に立った裁判官は反省があるか、ないかという点にさらに質問を集中した。

そして修が少年鑑別所で書いたクロロホルムを使って女性を失神させ、乱暴して現金を奪う犯行計画メモにも触れていく。

感情をいらだたせる裁判官

裁判官　少年院のなかで出たら何をしようと考えてましたか。

修　まじめにやろうと思ってた。

裁判官　女性の件で少年院で考えてたことはあるの。

修　……。

裁判官　鑑別所でも女性とセックスしたいという気持ちを持ったと言ったでしょう。

修　はい。

裁判官　少年院のなかではどう考えてたの。

修　少年院でもセックスしようと……。

裁判官　出たらやりたいと思ってたの。

修　ええ。

裁判官　どういう形でしようと思ってたの。

修　そこまでは……。

裁判官　鑑別所はどうして入れられたかわかってる。

修　……。

裁判官　鑑別所と少年院と比べて違いはわかりますか。

修　反省するところだ、と……。

裁判官　そこで女性のことなんか思ってるということだと、反省とは違うと思うんだけど、反省はしたんですか。

修　反省したんですけど。
裁判官　どういうふうに反省したの。
修　……。
裁判官　先ほどのレポートを見ると反省したとは全然、思われない内容のことが書いてあるでしょう。
修　はい。
裁判官　どうしてもやりたいというようなことを書いてますね。
修　一回やりたいと思っていた。
裁判官　いままでうまくいった例はないね。
修　そう。
裁判官　やりたいというふうに書いているのは反省とは違うんじゃないの。
修　……。
裁判官　やりたいというのは、女性の同意を得てやるというのではないでしょう。どんな手段を講じてでもやりたいという。
修　それはそうですけど……そのときはそうだったんです。
裁判官　そのときはそうだったというのは、どっちがどっちなんですか。やりたいというのもそうだったということなんですか。

修　そう。

裁判官　正直に気持ちを書いたんですね。

修　そう。

裁判官　だけど、反省してたら、そういう言葉というか、そういうことは考えられないんじゃないの。

修　……。

普通のケースなら「どうしても一回はやりたいと思っていた」とか「少年院でもセックスしようと思っていた」などと答えることはしない。

こうした点について小児療育相談センターの佐々木正美所長は「修は単に〝反省できない〟のではなく、人間の相互関係がよくわかっていないためだ。つまり、共感的なコミュニケーションを体験していないため、こう言ったら相手がどう思うかといったことが理解できない。死んだことがわかっていても同じことをくり返すのも、死の重みを共感していないためなんです」と分析する。

だが、裁判官はその修の態度を「反省心がない」と受けとめ、感情をますます、いらだたせていく。

修に母親のことを尋ねたら、修はまともに答えるだろうと思ったのか、裁判官は質問を母親の話題に切り替えた。

裁判官　君のお母さんのことですが、いま、あんまり話したくないと言いましたね。

修　はい。

裁判官　どうしてでしょうか。

修　こういう所にいるときは、あんまり会いたくない。

裁判官　お母さんに会いたいという気持ちが、しばらく会っていないと出るのがふつうだと思うんだけれども。

修　……。

裁判官　お母さんに対してはどういう気持ちなんですか。

修　……。

裁判官　会いたいとか会いたくないということ以外に、何でもいいけれど、何か考えることはないですか。

修　……。

裁判官　質問を変えます。殺人で起訴されている件なんですが、どうして被害者は亡くなったと思いますか。

修　……。

裁判官　君のどんな行為によって亡くなったと考えますか。
修　……。
裁判官　黙っている意味がよくわからないんだが、どうして死んだのか、考えることは考えているんでしょう、それとも考えないようにしているんですか。
修　考えてます。
裁判官　そうすると何か言うことがあるんじゃないの、君なりの考えが。
修　……。
裁判官　失神させようと思ったというけれど、うまくいった例はあるんですか。
修　ええ。
裁判官　それはどういう例ですか。
修　……。
裁判官　どうやったらうまくいったんですか。
修　いつもと同じだと……。
裁判官　いつもと同じというのは。
修　……。
裁判官　ネクタイを使ったんですか。
修　違います。

その裁判官は修の無表情さ、質問に答えられず黙ってしまうことに腹を立てたのか、こんな独り言を言って質問を終えた。

裁判官　あまり表情もない。淡々としゃべっているように思うんだが、思い出したくないのか。ふつうは思い出すと表情が変わる人が多いんだけれど……。

状況判断できぬ正直さ

最後の質問は裁判長だ。

裁判長も修が良子を殺してから、三回も女性の首を絞めて乱暴しようとした修の真意を確かめようとした。

裁判長　相手が死んで、これはえらいことになったと思ってびっくりしたのなら、どうしてまた、その後、首を絞めたりしてるの。

修　……。

裁判長　意外な結果になってしまってあわてた、というのなら、どうしてひもまで持っていって、次の被害者の首を絞める気になるの。

修　……。

裁判長　意味がわかりますか。

修　はい。

裁判長　失神させるだけが目的で、死ぬというのは予想外だったというなら、その後は同じような方法を続けられないんじゃないですか。

修　……。

裁判長　当時はこういう気持ちだったと思う点があったら言ってください。

修　……。

裁判長　言うことは何もないのですか。

修　……。

裁判長　しかし、被害者たちには、全部、心配している人がいるんですよ。

修　……。

裁判長　わかるかな。

修　……。

裁判長　先ほどのレポート帳を見ると、この次はクロロホルムを使ってやりたいと書いているね。

修　はい。

裁判長　ひもを使って人を殺してしまったから、同じ目的を達するのなら、ひも以外の方法で、という発想ですか。

修　そう。

裁判長　そういうことを考える前に、こういうことは一切やっちゃいけないことなんだという気持ちになれないですか。

修　……。

裁判長　弁護人から聞かれたときにも、一切やらないとは、どうも言いにくいというようなやりとりがあったけれど。

修　……。

裁判長　むりやり、こういう女性を襲って、思いを遂げたいというやり方は一切やってはいけないことなんだ、ということはわかりませんか。

修　わかります。

裁判長　わかっているけど、またやらないとは、言えないですか。

修　今までやらないと言ってたけれども、結局、やっちゃったから……。

裁判長　それから警察とか検察官に対してお礼参りをすると書いてあるが、自分がやったことが原因でこういう羽目になっているんだということはわかっているでしょう。

修　わかっています。

裁判長　ところが、ああいう記載があるのはどういうことなんですか。
修　冗談半分で書いたから……。
裁判長　それにしては、いろんなことが書かれすぎているね。
修　……。
裁判長　一連の事件について、裁判所に何か言っておきたいことがありますか。
修　反省して、これからは、事件をもう起こさないように……。
裁判長　これからは反省してやらないようにしたい、と言うのですか。
修　そう。
裁判長　亡くなった人は帰ってこないですね。
修　はい。

検察官、そして三人の裁判官との修のやりとりで裁判長の最後の質問に修は「反省している」と答えたものの、全体の流れをとおして、修にとってはきわめて不利な状況になったことは明らかだった。

修は前後のやりとりや、状況判断ができないままに、正直に質問に答えているように見えるのだが、裁判官たちの心証は反省心がないという受けとめ方に傾いたのは疑いようもない。

木下弁護士は補充質問に立った。

木下弁護士　いちばん大切なものは何ですか、お母さんですか。
修　そう。
木下弁護士　お母さんの居所がわかったのはいつですか。
修　……。
木下弁護士　お母さんを探してくれたのはだれですか。
修　警察です。
木下弁護士　良子さんが死んだとき、あなたはいちばん大切だと思っていたのは何かありましたか。
修　……。
木下弁護士　ありましたか。
修　……。
木下弁護士　何もなかったんですか。
修　……。
木下弁護士　わからないですか。
修　わからない。
木下弁護士　君は、ずっと首を絞めていれば死ぬということはわかっていたんだね。
修　はい。

木下弁護士　力を入れたり、ゆるめたりすれば、死なないんじゃないかと思っていたわけですか。
修　そう。
木下弁護士　良子さんのときは力を入れたり、ゆるめたりしたわけですか。
修　そう。
木下弁護士　良子さんのときも失神したと思ったんですね。
修　そうです。

検察側の主張を全面採用

六回にわたる審理のあと、八四年二月十五日の論告求刑公判で検事はこう主張した。

「修にとって女性は単なる欲求充足の道具にすぎず、相手を非人間化しないとかかわりを持てない修には、相手を殺すことに対する心理的障害はなかった」

「首を絞めれば死ぬことはわかっているのに、激しく抵抗する良子の首を絞めつづけた。修には少なくとも、未必的な故意があった」

検事が論告を読み終え、無期懲役を求刑すると、木下弁護士が立ち上がり、最終弁論を展開した。

「修はテレビニュースの〝失神暴行魔〟を見て、失神させれば暴行できる、と手口を思いついた。修が暴行の手段として考えていたのは、女性を失神させることで殺すことではなかった。失神させるため、首を絞めたり、緩めたりしたのであって、ずっと首を絞めつづけて殺すことと区別していた。良子さんが死んだのはたまたま口にブラジャーを詰めたためで、殺意はなかった」

この日の論告、最終弁論で、修の成育歴をどう評価するか、検察、弁護側双方の見方の食い違いは、情状面の主張でいっそう鮮明になった。

「地域社会に大きな不安を与えた一連の犯行は計画的で執拗《しつよう》。複雑な出生事情で、幼児期から施設で育ったことから、社会性の発達が遅れていたことがうかがわれるものの、自己の欲望のためには他人のいかなる犠牲をも省みない自己中心的行動は、まったく情状酌量の余地がない」と検察側。

これに対し弁護側は、修の性格のゆがみは不幸な過去に原因がある、と強調。

乳児院の育成記録や桜木学園での暴力体験などを引用しながら「修は、幼少期から少年期にかけて暴力をもってしか人間と触れあえないなどという否定的な人間関係ばかり学習してきた。人の死が心の痛みになるという情緒も育たず、人間発達の十分な環境が与えられなかった。暴行は修なりの精いっぱいの対人関係の表現であり、そのように育てた社会にも修の犯した罪の責任の一端がある」と訴えた。

地裁の判決は八四年三月十五日に言い渡された。

判決は、すべての責任を修に課していた。

最大の争点である殺意について、裁判長は「口にものを詰めこんで首を絞めれば、死ぬ危険があるというのは、だれの目からみても明らか。修がそういう行為に出てやめない以上、主観的に殺意がある、なしにかかわらず、客観的に殺意があると認められる」と、弁護側の主張を一蹴《いっしゅう》した。

情状面でも裁判長は検察側主張をほぼ全面的に受け入れた。

「計画的で執拗、地域住民に与えた不安は格別大きい。自己の性欲の満足という酌量の余地のまったくない動機から犯行をくり返し、殺したあと、さらに三件も犯行を続けるなど規範意識の鈍磨は著しい。少年院に収容されたことがあるのに何ら反省せず、その矯正にはきわめて大きな困難が伴う」

また木下弁護士が強調した不幸な過去について裁判長は「犯行の基盤にある被告人の性格には、幼児からの施設で育った体験が影響していると感じられ、成育環境の悪さも考慮に入れるべきだろうが、犯行時には十八歳ないし十九歳になっており、いかに成育歴が悪くても犯行を思いとどまることができたはずだ」とあっさり退けた。だが、劣悪な成育環境に、修がみずから好んで身を置いたわけではない、という点には何ら言及しなかった。

修の表情は、無期懲役の判決を聞いても変わらなかった。

第6章　人となる日に

写真見てると足は施設へ

「自分の二本の足で一歩一歩進んでいくのよ」と修に励ましの手紙を書いてから消息を絶っていた修の母親菊子はどうしているのだろう。

運命のめぐり合わせというのか、皮肉にも修が事件を起こしたことで母と子は再びきずなを取り戻すことになる。

修を調べた捜査本部の刑事が、転々と住所を替え、ひっそりと暮らしていた菊子を捜しあてた。

「朝の五時半ごろでした。刑事がやってきて、〝修が人を殺した〟って言うんです。びっくりして……。何、ウソ言ってんの、と言い返したんです。修が人を殺したなんて、いまでも信じられなくて……」

どんなに暗い表情で現れるかと思っていた菊子は、小柄なせいか年より若く感じられた。紺のシャツにズボン姿、化粧っ気はない。

事件以来マスコミを避け、刑務所で知りあった三歳年上の女性と人目を避けるように暮らしていた菊子が、一流ホテルの裏通りに面した雑居ビル五階にある木下弁護士の事務所に現れたのは、八四年の夏も終わりにさしかかろうとしていたころだ。

修の公判手続きのため呼びだされたのだが、その菊子にようやく話を聞くことができた。

「初め警察に呼びだされたとき、取り調べに当たっていた刑事に〝修は私のことをうらんで、事件を起こしたんじゃないのか〟って聞いたんです。そしたら刑事は〝修はお母さんを絶対にうらんじゃいない〟って言うんです。だけどネ、修が私をうらむのは当たり前ですよ、二十年も放っておいたんだから。慕ってくれるより、うらまれたほうがどんなに気が楽か……」

まず、飛びだしたのは自責の言葉だった。菊子もまた、心のなかに重い十字架を背負いつづけていたのだ。

だが質問に答えるその様子には、荒んだ人生を生き抜いた気丈さはなく、小心な中年女の緊張と不安だけが目立っていた。

「修が生まれたときは、刑務所のなかでオッパイやって……。自分のお乳吸われたときは、うれしかったですよね。泣きもしましたよね」

感情の起伏が激しいのか、過去に触れられたくないのか、菊子の話は現在から過去、過去から現在へと何度も行ったり、きたりする。

「乳児院へ預けたころは何とか引き取ろうと思ってましたから、何度も面会に行きました。だけど若い保母さんが〝なつかれると困る。面倒みるのは私たちなんだから〟と……。私、もう会いにきちゃいけないっていわれたような気がして……。行きにくくなったんです」

「面会に行って修を抱くんですが、いつも泣いてばっかりで……。父親が船をつくる仕事してたんで、ハンカチに塩水含まして、修の口に吸わしたこともありました。そしたら修はオッパイ代わりに、チユッ、チユッって吸って……。ああオヤジに似たところがあるのかなんて思ったこともありました。でも乳児院はいつも忙しそうで、長居すると悪いような感じでしたから、長いときでも三十分くらいで引き揚げたんです。修に私がお母さんだっていう印象が残ったかどうか、まだ小さかったですからねえ……」

修が桜木学園に移されてからも、何回か会いにいった、という。

「移って間もなくでした。八畳間ぐらいの修の部屋で修と二人きりになったときです。修がそっぽ向いてたので、自分のほうを向かせて〝お母さんよ〟ってブリキのオモチャの飛行機を渡したんです。そしたら受け取るなり、バーンと畳の上に放り投げて、いらだってたみたいで……。言葉が遅れてて、あんまりしゃべれないもんだから、先に手が出ちゃうのか、なんて思ったんですけど。修と私の二人きりだったから、びっくりしたのかな、とも思ったりして……。そのとき、私も何をしゃべっていいのかわからなくて……。保母さんが来て、〝お母さんからだよ〟って渡してくれたら、素直に受け取ったんですよね」

その桜木学園でも菊子は、引き取らないならあまりこないでほしいと言われる。

「会えないとなると会いたい一心で、自然に私の足は桜木学園のほうを向いてしまうんです。せめて写真にでも、とカメラで修を写し、その写真を定期に入れ、暇があれば写真を見つめている日が続きました。写真を見ていると会いたい気持ちに駆られ、ふっと気がつくと桜木学園のある駅にいたこともありました」と菊子は警察の調べに対して述べている。

「ええ、そんなことが何度も……。ほんとうに会いたい一心でした」と、菊子はうなずいた。

こんなこともあった。

修が六歳のときだ。

修に会いたくて、会いたくて桜木学園に行って門前に立つと、庭で仲間から離れ、ポツンとブランコに乗っている子がいた。

「丸顔で、まだ乳児院のころの面影があったので修だとわかったんです」

夢中でかけ寄り声をかけた。

「あんた、修ちゃん?」

「うん」

キョトンとした顔で母の顔をじっと見あげる修――。

いとしさがこみあげ、菊子はブランコに乗ったままの修をじっと抱きしめた。涙がこぼれ落ちた。

「お母さんだよ、とは言いませんでした。修も何も言わずに、じっと黙ったままだったし……」

菊子の話は続く――。

母親との再会が転機に

〝女子大生暴行殺人〟事件を起こした修を出生時までさかのぼって追跡してきた過程で、いつも頭から離れないことが一つあった。

それは「なぜ修だけが……」という素朴な疑問である。

桜木学園を卒園したのは修だけではない。虐待、リンチ、人間不信……とゆがんだ心のまま社会に出た少年たちの人生が決して順調でなかったことは、修と同時に卒園した六人のうち四人までが少年院送りになったことでもうかがえる。

修以外の少年たちはその後、何をきっかけにこれらのゆがみを克服していったのだろう。

そこで何人かの卒園生たちに彼らのたどってきた生きざまを証言してもらうことにした。というのも、その証言から修に何が欠けていたかの問題点を改めて浮き彫りにできると考えたからだ。

最初に登場してもらうのは修より六歳上の雅彦（二六歳）＝仮名＝だ。

雅彦は卒園生たちから「困ったやつの相談相手になっている男」と慕われている。

指定された駅前で待っているとGパンにスポーツシャツ、げたばきというラフなスタイルで雅彦は現れた。私鉄駅前の炉端焼店で調理師をしている。

「あそこにいたから悪くなったと言われるのは困りますよ。そりゃあ、みんな適当に悪いことやってるけど、あそこまではね。たまたま一人のために、そんなこと言われたら、社会に出て歯くいしばって頑張ってる連中の立つ瀬がないですよ。第一、あそこを出た人間は殴られる痛さ知ってるから、暴力を振るうことはいやになるんだけどなあ」

桜木学園のことはできるだけ忘れようとしている、という雅彦にとって、事件に対する思いは複雑だ。

話をしていくうちに雅彦は、中学を卒業と同時に就職して、大きな壁にぶちあたったことがわかっていく。

「中卒で学園を出ると、みんな壁にぶつかるんです。学園でずっと集団生活していたのがポッと社会に放りだされるわけでしょ。夜、下宿に帰って一人になるのが寂しいんです。一人でどうやって夜を過ごせばいいか、わからない。給料もらっても金の使い方もわからない。そんなこと教えてもらっていないですからね。酒を飲めば飲むほど落ちこんでしまうし……」

住み込みの調理師見習いで三カ月間はレストランで働いたが、桜木学園時代の同級生に「オレの田舎にいっしょに行かないか」と誘われ地方都市へ。

「アパートを借り、近くの和風レストランで、夜だけ働いたけど、結局、隣室の高校生と仲良くなったのがきっかけで、オレの部屋が暴走族のたまり場になっちゃって」

毎日のように酒を飲み、麻雀、パチンコに明け暮れる生活をしているうち、雅彦の住むアパートの前にオートバイがずらりと並ぶようになった。

「いつも十人ぐらいが集まってた。シンナーやったり、おかしいのばかりだったから、頭チリチリにパーマかけた女の子ひろってきてはまわしたり……」

シンナー、酒、女子高生とのざこ寝、セックス……。そして警察に補導され、児童相談所へ。十六歳になったばかりだった。

雅彦の人生に対する考え方が変わったのは児童相談所が再婚していた母親を捜してくれ、十三年ぶりに再会してからだ。

児童相談所の面会室で雅彦は母親に会った。

「呼ばれて面会室に行ったんだけど、オレの母親、ちょっと泣いてた。〝元気だった？〟って。オレはそんなに感激なんかなかったし、その女性の服装が派手だったから、キャバレーにでも勤めてんのかな、なんて思って……」

雅彦は母親と水入らずで市内観光をし、「いっしょに帰る？」という母親の問いにうなずいて、翌日、母親の元に戻った。

雅彦はその母親の勧めで、母親の家の近くに部屋を借りて住むことにする。隣室には従妹もいた。

「最初のころは桜木学園の近くでワルといっしょにカッパライして警察に捕まったりした。だけど警察は〝親がいる〟ってことで帰してくれる。金なくて腹へったらメシ食わせてくれる。オレがバカやってると本気で怒ってくれるし……。そのころからかな。親がいるのはいいなと思うよ

た。状況的には荒れていたころと同じだ。どこが変わったのだろう。

　雅彦の部屋は従妹の友だちのたまり場になった。女子高生らとざこ寝することもしばしばあった。状況的には荒れていたころと同じだ。どこが変わったのだろう。

「そりゃあ、なかにはかわいい子もいてね。やりたくなることもあるけど、昔みたいなことはできないね。あのころはただ何となく、その場限りの人間関係だったし、オレ自身、どうなってもよいと思ってた。毎日がただおもしろおかしく過ごせりゃいいと、大切にしているものなんかなかったからね」

　人間関係も、将来も〝どうでもいいや〟と考えていた雅彦にとって、地方都市で暴走族といっしょに生活していたときは、失うものはなかった、というのだ。

「母親が出てきたからと言って、あまり変わってないつもりだけど、母親や周りの人に迷惑かけたくないっていう気持ちが出てきたのは確かだね。ワルやって、迷惑かけたり、いまの人間関係を崩したくないっていうことかな。それにオレには兄貴みたいないい先輩もいるし……」

　人付きあいができず、相談相手になってくれる先輩も、甘えられる母親もいなかった修――。

「そんな状態だったら、オレ以上に落ちこんだでしょうね」

　雅彦は別れ際にポツリとそう言った。

父親に連れられて初体験

修の同級生で「小さいころの思い出は、リンチを受け布団のなかで泣いたことだけ」と証言してくれたトラック運転手、武司（二〇歳）＝仮名＝も、実は少年院の体験者だ。

格別、悪いこともせず目立たぬ存在だった修とは対照的に、武司は中二の後半から番長格に。たばこ、シンナーなどで桜木学園の職員をさんざん手こずらせた。

「オレも小学校のときは、修と同じようにネクラでね。〝桜木学園のやつはみんな同じ弁当持ってくる〟とクラスのやつが馬鹿にするし、先生は相手にしてくれないし、桜木学園のやつ以外に親しい友だちなんか一人もいなかったんですよ。だけど中学生になってツッパリグループに入ったら、桜木学園以外にも友だちがいっぱいできたし、〝学校行きゃ、オレのもんだ〟って、なんか楽しくなってね」

リンチの苦い体験もアッケラカンと話す武司は、いまは実に陽気な青年だ。

「中学のときは、ワルだったんだけど、ウブでね。女の子に声をかけるのなんか全然できなくて……。中一のときラブレターをもらったんだけど、デートしても手も握れなかった。女の子が来るとまっ赤になっちゃって、女の子に〝赤くなるからカワイイ〟ってからかわれる始末でね。どうしてかわからないけど、桜木学園のやつはみんな女としゃべれなかったね」

そういう武司は、乳児院から修といっしょだった。

話すときは、どもりがち。自分の思ったことを表現できない修のことがチラッと頭をかすめる。キリッとしたマユ、彫りの深い顔立ち、アイドルタレントにしてもおかしくない感じの武司でさえ女性と話ができなかったというのも、女子高生の並ぶパン屋の店先で、まっ赤になっていた修と共通する。

卒業後、半年間、職業訓練校に通ったが長続きせず、再び昔のツッパリ仲間と付きあうようになる。恐喝、盗みのくり返し、途中、桜木学園の隣駅のパン屋に就職したこともあったが、何日もいつかず、盗みが発覚して逮捕され、一年間の少年院暮らしとなる。

「十五歳で施設から放りだされたけど、遠くに行きたくなかったんです。地元とか友だちとかから離れるのが寂しかったから、就職してもすぐやめて地元に帰ってワルやってたんです」

そういえば、修の犯行は、すべて桜木学園の周辺なのも奇妙に一致する。

寂しさ、を強調する武司だが、その彼がいやというほど孤独感を味わわされたのは小学生のときだ。

「四年のとき、桜木学園がいやになって脱走したんです。だけどよく考えたら行くところがないんです。オヤジがいるってのは知ってたけどどこにいるのかわかんないし、母親なんて生まれてから一度も会ったことがないし名前さえ知らないから。結局、桜木学園に帰るしかないんです。脱走して近くをブラブラして、次の日の朝になるとわざと見つかるように桜木学園の門の前に立ってるんです。帰りたくないけど、そうするしか仕方がないんです」

だが、武司の大人不信を解くきっかけとなったのは、このツッパリ体験のなかからだった。

「昔はオレも大人が信用できなかった。だけど、ツッパってたとき、桜木学園の先生が涙流して説教してくれたのにはまいっちゃったんですよ。卒業してブラブラしているとき、ヤクザに狙われて、二人組に喫茶店で見つかったときも、学園の先生が体張ってオレをかばってくれてね」

忘れられないのは少年院時代、四、五時間もかかる山奥の少年院に保母と指導員が休日を返上して何度も足を運び、会いにきてくれたこと、だという。

「ほんとうに、オレのことを思ってくれてんだなあと考えさせられてねえ」

目立たぬ存在だった修が職員との接触がほとんどなかったのと実に対照的だ。

武司が九年ぶりに父親と再会したのは中学三年のときだ。

「正月、呼ばれて駅に行ったらオレとそっくりな男が待ってたんです。駅の階段昇るときもついてくるし、電車でも隣に座るし、何にも言わなかったけど、オヤジだなってなんとなくわかったんです」

三時間かかって着いたところが祖母の家。着くとすぐラーメン屋の店員をしているという父は姿を消した。

父子はこの間、一言も言葉を交わさなかった。

「ずっと放っとかれて顔も忘れてたから、オレ、何話していいかわからなくて……」

と武司は言うが、父の思いも同じようなものだったのだろう。

そして数日後、武司は父親のアパートを訪れた。陽も当たらない暗い四畳半で、部屋にあるのは布団だけだった。

「一度も会ったことのない母親のことを聞こうと思ったけど、パッと見てとても女っ気はなさそうで、聞くに聞けなくて」

だが、父は武司に思いがけない〝プレゼント〟を用意していた。

「いまからいい所へ連れてってやるってタクシーに乗せられて、着いた所がトルコぶろで……。終わってから〝どうだった〟って。〝別に〟って言ったけど、オレ初めてだったから、うれしかったね」

武司は三年前に少年院を出てすぐいまの運送会社に就職した。十七歳だった。

「その社長がいい人でね。オレの顔見ると、慣れたかとか、金あるかって声をかけてくれて。十八歳になったら金貸してくれて、運転免許を取らしてくれたんです。施設以外の人にこんなに親切にしてもらったのは初めてだから、ジーンときてね。まわりの先輩たちも、昔ツッパってた人が多くて話がわかるんです」

いまだに女性に声がかけられないという武司だが、八三年九月から四つ年上の看護婦といっしょに暮らしている。

運送会社の同僚の彼女から「付きあってみない？」と紹介されたのがきっかけだ。

「もう一年になるけど、家庭っていうのは初めてだからうれしくってね。やっぱり気持ちがなごむっていうか。彼女に〝籍入れよう〟って迫られてるけど、やっぱ二十二ぐらいにならないとねえ。彼女も年が年だから、気持ちはわかるんだけど」

そんな武司が結婚に踏み切れないのは、将来が不安だから、という。

「身分の安定した観光バスの運転手ぐらいにはならないと、と考えているんです。この前、面接試験受けたけど落とされちゃって。オレは施設出身だし、少年院にも行ったせいかな、と思うんだけど……」

だが、彼女は武司の過去をすべて受けいれてくれた。

一人の女性から愛され、信頼されるという人生のハリを得た武司の生活は着実な歩みをみせている。だれにも頼らず、自分の力で生きていく、という武司は「一回だけでいい、オフクロの顔が見たい」と言った。

修はウチの子たちと同じ

再び控訴審公判が開かれている九月十一日の高裁法廷。

被告席に座る修のしぐさに、傍聴席でじっと目を凝らす小柄な女性がいた。

「修が思ったより穏やかな顔付きをしていたのでほっとしました」と公判終了後感想をもらした

この女性は、十代半ばで施設を出された子どもたちの面倒をみているボランティアグループ「希望の家」＝仮名＝の寮母、小沢和子（三三歳）＝仮名＝だ。

現在の養護行政では、高校に進学できた子はそのまま施設に残れるが、半分以上の子どもたちは中学卒業と同時に「金を稼げるようになった」という理由で保護を打ちきられ、施設から出なければならない。

しかし十代半ばで社会に一人で放りだされ、安心して帰れる家も相談相手もないこれらの少年たちは、長いあいだの施設暮らしで社会のペースに合わせることがなかなかできない。

そのうえ能力的にも、高校進学者に比べると、はるかに大きな困難を抱えており、社会に出てからつまずくケースが実に多い。

このような「弱い者ほど自活、自立を強制する」といういびつな児童福祉行政のあり方に批判を持つ人たちが、養護施設出身者などのアフターケアのためにつくったのが「希望の家」。

住宅街のまんなかにあるごく普通の二階建ての民家が「希望の家」だ。寮母は小沢一人だけ。小沢はここで他のスタッフたちの助けを借りながら、社会に出てつまずいた男女六人と寝食をともにし、それこそめったに休みもとれない二十四時間体制で献身的な努力を重ねている。

しかしこうした〝福祉の谷間〟を埋める彼らの活動も、行政面では「施設」として認知されず、国からの補助金も出ない。このため、その運営はボランティアが中心となったバザーや廃品回収など〝善意〟だけに頼って細々と続けられているのが現状だ。

和子は言う。

「修は裁判官に〝どういうつもりでやったのか〟と聞かれても、自分の思っていることが表現できないんですが、ウチに来る子はみんなそうなんです。修の事件は他人事と思えないんです」

ここに、ある一人の少年の心理判定結果がある。

「ボンヤリとした暗い表情。対人的不安、緊張がとても強く、落ち着かない目付きをし、オドオドした態度をとる。問われたことを小声で、しかもボソリと答えるが、自分から話すことはない。自分の年齢など客観的なことは一応答えるが、気持ちや将来のことなど自分にまつわる事を問われると、とまどってしまうようである」

これを読んでいくと、裁判長に「自分のしたことをどう思うか?」と聞かれて答えられない修の姿が、浮かんでくる。

だが、この心理判定は修のものではない。前に桜木学園で受けたリンチを証言するため、左腕の傷を見せてくれた修の同級生、運送会社助手の哲二（一九歳）が、中学二年のときに受けた心理判定の結果なのだ。

実は哲二も四年前から希望の家で、和子が面倒をみている一人だ。

哲二は桜木学園を卒園後、大工見習として住み込んだが、仕事がのみこめず、使いものにならないと、半年後に放りだされた。

職安で身障者センターを紹介され、そこで知的障害があると判定された哲二は、希望の家からセンターに通うようにいわれ、初めて和子に出会った。

「一日、二日、様子をみているとテレビの場面に対する反応はまともだし、どうみても知的障害のある子じゃないんです。ケースワーカーは知恵遅れの一点張りだったんですが、ウチで就職させて様子をみようということにしたんです」

哲二は小沢の世話で製本会社に通うことになり、希望の家の生活が始まった。

「最初のころは、何を聞いてもニヤニヤして、返事もウンとかウンだけ。人間不信を通り越して生きることをあきらめてる感じだったんです」

ニヤニヤが、施設のリンチ体験のなかで自分の感情を相手に気取られないための防御姿勢だと和子が気づくのはずっとあとのことだ。会話らしい会話のない日が続いた。

「三カ月ぐらいたって夕食の仕度をしていたら、哲二が〝そんなのいいからいっしょにテレビの金八先生見ようよ〟って言ったんです。私に要求したことのない哲二が、初めて要求してきたんです」

哲二がそのとき言った言葉を和子はいまでも覚えている。

「お前が金八先生のシナリオ書いてんじゃないのか。お前とそっくり同じことを金八先生が言ってるじゃないか」

寝食をともにして三カ月、やっと哲二は和子に心を開きはじめたのだ。この日を境に、哲二は桜木学園での体験などをボソボソと語りだすようになった。

だが和子は、固く閉ざした少年たちの心を開かせるばかりではない。自分で生きる力を身につけることを厳しく要求するのだ。たとえばこんなこともやる。

「施設から来た子は、食べものを簡単に捨てるんです。施設なら食べものを残しても何も言われないし、捨てればいいんです。時間がくればまた出てくるから、ふつうなら〝もったいない〟と思うのに、そういう感覚がなくなってしまってるんです」

ある夏の日のことだ。

和子のつくった弁当の玉子焼を残してきた少年がいた。帰ってすぐ、その玉子焼をゴミ箱にポイッと投げ入れたとき和子はカンカンになって怒った。

「もう腐って、へんな臭いがしてたんですけど、ゴミ箱から拾いあげて、しょう油で煮しめて、その子と私の二人で食べたんです。食べられる代物じゃないんですが、それまでやらないといけないんです。子どもは〝わかったから、もう食べなくてもいいじゃないか〟っていうんですが、私は許しませんでした。施設で育って感覚がマヒしているから仕方がない、と理解することと、子どもたちに生きるために必要なことを要求していくこととはまったく別なんです」

和子に心を開きはじめた哲二だが、哲二が自分で生きる力を身につけられるかどうか、和子と哲二の勝負はそれから始まった。

哲二が希望の家の住人になって半年後の五十六年一月のこと。

台所で夕食の準備をしていた和子に、仕事から帰ってきた哲二が目を輝かせて声をかけてきた。

「オレ、朝、駅前で寝っ転がってたおっちゃんをけっ飛ばしたら、ピクッとしておもしろかったぜ。靴の先に金具が付いてるから、きっと痛かったと思うぜ」

この話を聞いた和子は夕食の準備も放りだし、哲二を自室に連れてゆき目の前に座らせる。

「いったいお前がやったこと、どういうことかわかってんのか。暴力でマヒした心の根っこが何も変わっとらん！」

和子の矢継ぎ早の質問が飛ぶ。

「そういうことをしながら何を考えたか」

「何を感じたか」

「オジさんがピクッとしたとき、どう思ったか」

答えが出れば、間髪を入れず次の質問が飛ぶ。

出なければ沈黙のニラミあいが続く。

二時間、三時間……和子は何時間でも答えを待っている。

疲れた哲二がウトウト始める。

「だれが寝ろと言った！」

窓の外が白々となり、いつの間にか夜も明けてきた。

「何でえ、テメー。オレに仕事休ませる気かよお」。

「当たり前だ。今日仕事に行くことより、これから生きていく何十年の問題のほうが大切だ」

和子が哲二を許したのは、丸一日たった翌日の夕方だった。

「意見を言うまで待っていると、こう言えば私が喜ぶだろうとみえすいた言い方をしてくるんですね。そうすると私は〝そんなことで私が喜ぶと思ってんのか〟とやり返すんです」

次に哲二がやるのは、和子の言ったとおりの言葉をそのまま並べることだ。

だが和子は許さない。

「自分の考えが何も入っとらん！　私の言葉のコピーじゃないか」

どうしたら許してもらえるのか途方にくれる哲二が、和子の徹底した態度に負けて、ボソリ、ボソリと自分の言葉で語りだした。

「路上生活をしている人も同じ人間だ。その同じ人間が何もしない人間をけっ飛ばす、その痛みが哲二に感じられたなと思ったときにやめたんです」

八三年二月、横浜で中学生による路上生活者襲撃事件が起きた。これを知った哲二は和子に電話をかけてきて、ポツンと言った。

「オレ、お前から怒られなきゃ、同じことをやったかもしれないぜ」

閉じた心に体当たりで対決

和子は、中学生でも簡単にねじ伏せられるほど小柄だ。

どこに哲二と対決したりするエネルギーがひそんでいるのか不思議なくらいだ。また、どうして和子はこれほどのエネルギーを少年たちに注げるのだろうか。

和子は小さいときから「児童養護施設で働きたい」という漠然とした夢をもっていた。高校卒業後、保育所などを経て念願の養護施設の保母になった。

和子が十九歳のときのことだ。

「体中アザだらけになるくらい、子どもたちとプロレスごっこなんかして暴れまわっていたんです。そのうち鼻血が出るようになって……、一回出はじめると四十分くらい止まらないんです。出るといつもバスタオルを抱えていなければならないような状態で、それが十日も続いたんです。母が広島で原爆の二次被爆をして、被爆者手帳持ってるんです。それで、私、白血病だと勝手に思いこんでしまって……」

死の恐怖と直面し、不安と孤独で苦しんだ一年間、その果てに和子がたどり着いたのは——。

「人間はいずれ死ぬ。だったら生きられるだけ生き抜こう。今日という日を体当たりで生きていこうと心に決めたんです。結局、鼻血は疲労が重なったためで、白血病ではなかったんですが、当時は大変な衝撃を受けていたんです」

だが、和子はせっかく勤めた養護施設を四年で辞めてしまった。

「忙しさを言いわけに、子どもたちをきちんと見ていなかったんです。そこの施設は一人で十三人の子どもの面倒をみなければいけないのと、交代制職場だったので時間がくれば帰らなければならないし……。子どもにかかわりきれない部分が心のなかで大きな汚点として残りだして……」

結局、一から出直すつもりで社会福祉専門学校に進学する。養護施設はどうあるべきか、頭から離れない和子は実習でいくつか施設を見て回った。北海道の遠軽にある「北海道家庭学校」に実習に行ったとき、すばらしい教師に出会った。桜木学園でも二週間の実習体験をした。卒業後、和子は希望の家の寮母になった。いま七年目だ。

こうしたことだけではない。

子どもとまっ正面から向きあう和子の子ども時代の原体験もまた、見逃せない。

「毎日木登りばっかりして遊んでいました」という和子は、自然に恵まれた中国地方の山村の貧しい農家の長女として生まれた。

小学校時代は、自宅から山を二つ越えた児童数百三十人ばかりの山の分校に通っていたが、いまでも忘れられない当時の思い出がある。

「小学校一年生のときです。ツメを切ってきたか、チリ紙、ハンカチを持ってきたか、と毎日学校で衛生検査があったんですが、あるとき女の子の一人がチリ紙の代わりに新聞紙を切って束ねたものを出したんです。先生は黙ってチリ紙のところにマルをつけたんですが、私たちは〝新聞紙がチリ紙だって〟ってみんなでその子をからかったんです」

おかしくて仕方がない和子は、家に帰ってこのことを父に報告した。

「そしたら父が怒って……。〝ウチは金があまってるからお前にチリ紙を持たせてるんではない。新聞紙だって立派なチリ紙だ。みんなから笑われることを覚悟で出したその子の勇気がわからないで、それを笑うとは何事か〟って言うんです」

和子の両親は翌日から和子にチリ紙のかわりに新聞紙を切ったものを持たせた。

「新聞紙でハナをかむとインクで鼻が黒くなるから人前ではとてもハナがかめなかったし、衛生検査のときも恥ずかしくて出せなかったんです。だからチリ紙のところだけいつもバツがついていて……」

しばらくして授業参観があった。

「母が来たんですけど、チリ紙のところがバツになっているのをみつけて。帰ってから〝チリ紙を持っていっているのにどうしたんだ〟って聞くんです。〝恥ずかしいから出せない〟っていったら〝チリ紙の代わりの新聞紙出すのにどんなに勇気がいるのかわかったか。そんなことで人をバカにしてはいけない。むしろ出した子のほうがずっと立派だったんだ〟って言われて……」

子ども心にグサリと思い知らされた和子は「わかりました」と頭を下げた。

両親は翌日からチリ紙を持っていっていい、と言ってくれたが、和子は「慣れたから新聞紙でいい」とチリ紙代わりの新聞紙を使いつづけた。

「両親とも尋常小学校しか出ていないんですが、そういうことは徹底的に厳しかったんです。人間の誇りを捨てるようなことはするな、人間を冒とくするような行為をするなっていう父の言葉は、当時はよくわからなかったんですが、いまでも覚えています」

その場、その場の小手先のごまかしでなく、正面から向きあい、時間をかけて子どもの自尊心に問いかける和子の子どもたちとの接し方は、和子自身が両親から受けたやり方なのだ。

性につまずき暴走してしまった修のように、養護施設の卒園生のアフターケアとなると、対象がハイティーンの少年、少女だけに性の問題は避けて通れない。

こんな体験を和子はした。

「お勝手で食事をつくっていると〝和子さん、見てよ〟って来るんです。〝何よ〟って振り向くと、パンツをふくらませている。そんなとき私〝よーし、わかった。そのまま大きくしてろ。今晩のスープのダシにしてやるから切ってやる〟って包丁出すんです。すると〝和子さん、女かよ〟って。〝当たり前だ〟って言い返してやるんですが、それを拒否したり、抑えつけたらいけないんです。思春期だから、正常な成長なんです」

自室で寝ている和子のまくら元に、少年がパンツ姿で立つことがある。

「こちらが目を覚ますのを待ってるんです。それで〝いっしょに寝てくれ〟って言うんです。私、座らして〝お前にスネ毛がなければ寝てやるけどね〟って言うと、〝やっぱりそうか〟って。〝こんな気持ちになったのは、初めてだ〟って言うんですが、徹夜で話してやるんです。母親から愛されたことのない子たちですから、母性へのあこがれと異性への関心が混同しているんじゃないかって。そういう子たちは〝そろそろ来るな〟って前から何となくわかるんですが、それまで待ってあげなければいけないんです。来たときに、こちらがほんとうに真剣な言葉を返していく、そこからホンモノの人間関係が始まるんです」

修が〝覆面姿〟で保母の宿直室に侵入したのも、まくら元に立つ少年たちと同じ心理状態だったのかもしれない。

「いっしょに寝てくれっていうのも、赤ちゃんがお母さんにだっこしてくれっていう感じなんです。図体が大きいというだけで。〝初めて信頼できる人間を見つけたということでしょ〟って話してやると、みんな落ち着くんですね。私も体小さいから、性の部分だけ求められているとしか受け取れなかったら怖いですけど……。乳幼児期に満たされないものを取り返したい、という愛情飢餓感みたいなもののほうが大きいんです。人間関係の根っこの部分を求めてるんです。子どもにそういうものを求められたとき、大人はどんなに面倒で、しんどくても、その気持ちを十分に吐き出させてやらないと、子どもは必ず別の屈折した形で出してくるんです。こっちはその都度、真剣に手抜きしないで応えてやらないといけないんです」

和子に「トルコで女を抱いてきた」と誇らしげに言う十六歳の少年がいた。

だが、和子には、〝抱かれてきた〟としか思えなかった。「抱かれて気持ち良かったか?」と冷やかすと少年はそれまでの勢いはどこへいったのか、恥ずかしそうにテレ笑いしていた、という。

「乳幼児期に満たされないものを取り返すと言っても、赤ちゃんと同じようにしないでいいのは、子どもたちが言葉を持っているからなんです。その子の持っている感じられる力を大切にして、そのとき言った言葉をきっかけに話していく。そのくり返しで、子どもが自分自身の言葉でわかるように理解させる以外ないんです」

和子の体当たりの姿勢に心を開き、地を出しはじめた哲二は、同時に桜木学園時代の荒れをむきだしにしてくる。

自転車、オートバイ、車を次々に盗みまわり無免許で乗りまわす。

「典型的な累犯タイプで、罪意識がない。小さい子どもがオモチャを欲しがる感覚なんです。それに施設の子は他人の物と自分の物の区別がつかないでしょう。自転車盗んできたときも、〝借りてきた。朝、返せばいいと思った〟ですからね。七、八回、家裁送りになって〝こんどやったら少年院だよ〟と念を押されても、平気でくり返すんです。もう十九歳だし、ここらでけじめをつけなくては、と哲二を少年院に入れたんです」

八三年九月。和子がかかわって三年目だった。

「少年院の前歴がこれからついてまわるけど、お前が大人になるためには必要なんだよって。審判が終わったあと、お互いポロポロ泣きました。哲二の涙は、ふてくされや無念さからでているのではない。悪いことをしたと気づいた涙だ、これで〝哲二も変わる〟と思ったんです」

こうして哲二は少年院で一年間過ごすことになった。

初めて考えることを教わる

少年院に入った哲二は、和子の期待に反して暴行事件を二回も起こした。一人の少年を三人で殴りつけたのだ。和子が面会に行ったのは、ちょうど二度目の事件で哲二が懲罰房に入れられている最中だった。

「一回目は笑ってすませたけど、二回目は頭にきて、めったくそ怒って……。怒りながら泣いたんです。少年院出のレッテルが張られるマイナス面を承知で、けじめをつけさせるため行かせたのに、何も変わっていないのがものすごく悲しくて……。いままで生きてきたことを、これから生きていくことを考えろ、って。哲二もポロポロ涙を流して……」

がっかりした和子は、懲罰房に入った理由や、なぜそうなったのか、また、いま懲罰房で何を考えているのかなどを手紙に書いて寄こせ、と哲二に宿題を出して帰ってきた。

そして哲二からの手紙。

「（略）自分には少年院という大きな荷物を担ぐのは無理だと思いこみ、なかなか前に進むことができない自分のことを考えています。（略）自分自身がこういった気持ちを入れ替えなくては、強い気持ちが生まれるはずがないので、強い気持ちを持ち、しっかりやっていかなくてはと思っています。（略）こういった事をすれば、また同じことのくり返しなので、もうやらないことに決めました。（略）いやな思いをさせてごめんなさい。小沢さんへ。哲二」

これまで自分の心の内を文字にしたことがなかった哲二にとって、便箋八枚の手紙を書くのに悪戦苦闘したのだろう。

和子には自分の考えをわかってほしいという切々たる訴えが、行間ににじみでているのがわかった。

和子はこれを読み、納得した。

「哲二は自分の考えを文章にし、言葉にしたんです。私とかかわってからいちばん長い手紙でした。それまでは〝元気ですか。自分も元気ですヨーン。じゃあね、バイバイ〟なんていうふざけ半分の手紙でしたから。これで哲二はやっと一線を超えた、そう思いました」

修の高裁での控訴審初公判を一カ月前にした八四年八月、哲二は二年ぶりに少年院を退院した。二週間後、哲二に会った。

長身で色白。表情も豊かで四年前に知的障害のある子と診断されたとはとても思えない好青年だ。

初対面で緊張しているせいか、話す声は小さいが、一言、一言を一生懸命考えながら答えている様子が、とぎれとぎれの会話のなかでありありとわかる。

「オレ、希望の家に行ったとき、話してもしょうがないし、話さないほうが楽だし、適当に付きあっとけばいいや、という感じだった。だけどいっしょに生活して、和子さんの考えもわかってくるし、自分たちのために一生懸命してくれてんだなって。そういうことをやってもらったこと、桜木学園でも学校でもなかったたし、和子さんが初めてだった」

哲二は和子から〝考えること〟を教わった、という。

「言葉の訓練というか、自分の思ったことを正直に言葉に出して、それを一つひとつ確かめながら先に進んでいく。これは良いことか、悪いことか。悪いことならどうしたらいいのか、和子さんと相談してやるんです。こんなふうに考える作業は、いままでやったことなかった。自分の言ったことが通ることもあるし、和子さんから逆に教えられることも多いし。とにかく自分なりの言葉で言わなきゃ許してくれないんだから、和子さんは。人と人との話しあいって、和子さんで初めて体験したんです」

哲二と同じように育った修が、裁判の法廷で事実関係など具体的なことは答えられるが、自分の感情や思いなど抽象的なことになると表現できず、口をもぐもぐさせながら黙りこくってしまうのがわかるような気がする。

「施設の子って考えることが苦手なんです。考える能力も、理解する能力もありながら、それが刺激され、開発されていないだけなんです。いきなり〝どう考えるか〟と聞かれても、どう考えていいかわからないから戸惑うんです。考えるキッカケをつくってあげる必要があるんですね」

と和子。

哲二は、和子との信頼で結ばれた強いきずなのなかで、考えることを知り、自立への一歩を歩きはじめたところだ。和子との出会いが、社会のなかで自立して生きていく出発点となったのだ。

和子は言う。

「よく子どもを自立させなければいけないとそればかりいう人がいるけれど、確かな人間関係があってこそ、そこから一人立ちすることができるんです。いまは親子関係ができていないのに、子どもの自立をあせる親が多いんです。自立といわれても、子どもは何から自立していいかわかんないですよ。飛行機だって滑走路が整備されているから飛びたてるんです。母子関係もできていないのに、母子分離を図ればやっぱりおかしくなるんです。専門家は、そういう子をみて母子分離できてないとしきりに言うんですが、母子分離する母子関係ができていなければ、母子分離のしようがないじゃないですか」

少年院を出た哲二は倉庫会社に就職したが、四日勤めただけでクビになる。

少年院出という哲二が思い悩んだ重い荷物が現実にのしかかってきた。

四日分の給料を手にポロポロ涙を流す哲二だったが、和子との話しあいで、少年院出身の事実は消えないが、それをプラスにするかマイナスにするかは哲二自身だ、と納得。翌日には気を取り直して新しい仕事探しに飛びだした。

「オレの人生で信頼できる人は和子さんが初めてだった。自分のことを心配してくれる兄貴もいるし、ここで自分自身真剣に考えなきゃいけないと思ったんです」

哲二は運送会社助手として頑張っている。

人間回復の芽はあるか

桜木学園で受けた人間としての成長のゆがみを人との出会いによって修復しつつある雅彦、武司、哲二ら卒園生たち。

一対一の人間関係が結べない修にとって、修復の可能性ははたしてあるのだろうか。

一審の裁判を支えてきた桜木学園元指導員。就職先で「兄貴代わりになろう」と考えていた現場主任。「いつでも戻ってこいよ」と声をかけたパン屋の社長……。

けっして修を粗末に扱ったわけでない善意の人たちはいた。修にとっては自分を変えることができる人との出会いがあったにもかかわらず、それが修復できずに殺人事件を起こすことになる。

修にとって修復の可能性はその芽もないということなのだろうか。

修は警察の調べに対し「友だちがいる」と一人の男の名前を挙げていた。

桜木学園卒園後すぐに勤めた自動車整備工場時代に知りあい、修といっしょに自転車盗で補導された男だ。

彼女とセックスしているのを、修に欄間越しにのぞき見され、強烈な刺激を修に与えた信雄（二〇歳）＝仮名＝である。

その信雄は太平洋の荒波が打ち寄せる小さな港町で、そこに縄張りを張る暴力団の組員になっていた。

組員の下働きをしているという信雄は赤い派手なTシャツに短パンという軽装で、待ち合わせ場所の小さな国鉄の駅前に姿を現した。顔付きは、いかにも組員という感じになっている信雄だった。

「修、ゲラゲラ大声あげて笑うし、冗談も言うし。最初、とっつきにくいけど、話してみると意外とおもしろい男で……」

修と知りあったのは自動車整備工場に勤めていた信雄の友だちが、修を港町の実家に連れてきたとき、喫茶店で紹介されたのがきっかけだった。

修はツバの広いアポロ帽を目深にかぶり、顔を見せなかった。

「紹介されたのに顔も上げないし、それで、頭にきて〝むっつりしてんじゃねえ。オレに何か文句でもあるのか〟って言ったんです。で、〝帽子取れさあ〟って手ではねようとしたら、修が〝やめてくれよ〟って腕でバシッと受けて……」

危うく取っ組み合いになるところを友人が仲に入り、信雄は外に連れだされ、実は修は……と生い立ちを聞かされた。

そういう信雄も漁師だった父親が不漁続きで海に出るのを止め、慣れない出稼ぎ生活から家族と別居。母親と二人暮らしの信雄は母の心配をよそに、地元の高校を中退、職場を転々と変えた。無免許運転で少年院に行ったことがある。

「修の話聞いて、あーそうか、そりゃ悪かったと思って。オレ、すぐ修に〝知らねったらな、悪かったね〟って謝ったんです。だれが悪いとか親がそういうふうにしたとか、どちらにせよ、修を責めることはできないですからね」

次の夜、信雄は修を自宅に泊め、修の心をほぐす努力をした。

「二階の六畳間に布団を敷いて、プロレスごっこやって。ふざけて修に飛びついて〝オレの首、しゃぶってくれ〟って。〝オラサ、オラサ〟って催促すると修はゲラゲラ笑って。〝やめてくれえ〟って叫ぶんです。じゃれあうわけですが、修もオレにおおいかぶさってきて、両手を押さえつけて〝マイッタカ〟って。午前三時ごろまで、そんなことしてて、下からオレのおふくろが〝静かにしなさい〟。それに二人で〝うるせえよお〟なんて言って、いまから考えると何やっても楽しかったです」

閉ざされた修の心は信雄のスキンシップで打ち解けたのだろう。

それ以来、修は、週末になると信雄と繁華街で落ちあって食事をともにし、一度はピンクキャバレーにもいっしょに行ったことがある、というのだ。

「修って、いろいろと気を使うんですよ。一度はオレのおふくろが体が弱いからと言って、手土産に梅酒持ってきた。それも店にあるいちばん高いのを買ってきたらしくて。修は、ほんとうは心のやさしい男なんです。それにオレが酔っぱらって、けんかなんかしようとすると、きまって〝そんなことするな〟って止めるのは修だったんです」

信雄の語る修は、これまで浮き彫りにされてきた修の姿とはまったく異なり、信じられないものだった。

修は事件のあと、自動車事故を起こし、被害者から車の修理代として三百万円の請求を受けた。そして信雄に電話した。

「そのときも、オレ忙しくて、会おうって約束したんだけど、会えなかった。それっきりです。あまり話をしないって言うけど、オレだったら、修に話をさせることができる自信があります。修とはそんな仲だったですから」

信雄はそう言った。

その信雄は第一回の控訴審公判が九月十一日開かれると聞き、小さな港町から高裁に駆けつけてきた。

短い髪にパーマ。まっ白なスリーピースに白いエナメル靴。ブルーのシャツに赤いバラ模様がプリントされたネクタイ。暴力団の下働きをしている信雄にとっては精いっぱいの正装だ。

正面右側のドアから法廷に入ってきた修は傍聴席に信雄の姿を見つけた瞬間、ニコッと笑った。そして顔をポーッと赤く染めた。

「入ってきたとき、修と目が合ったんです。まっ赤になって。オレと会ってるころの修と同じだったし、オレのことまだ覚えていてくれて……。うれしかった。オレにできることがあれば何でもやります。修が希望するならオレが修の面倒をみてもよいと思ってます」

修にも修復の芽は残っているように思えた。

その芽を育ててくれる人は信雄のほかにだれかいるのだろうか。

果物だったら食べると修

修の母親、菊子の話は続く。

「いっしょに暮らしている女性が修を引き取ろうと言ってくれて。コートを買っていったんです」

修が中学三年の三学期。

菊子が桜木学園に手紙を残しただけで、修に会わずに帰った日のことだ。

「そしたら院長先生に私の過去のことを持ちだされて〝そんな仕事していて引き取っても仕方がないでしょう〟〝過去のことを修が知ったらどうするの〟と言われて……。私もカッとなって、修に会わずに帰ってしまったんです。あのときに引き取っていれば……」

そんな仕事から菊子はすでに足を洗っていた。

「修が小さいころは、仕事で捕まって刑務所に入ったり、何度も自殺を図って病院に入れられたりしていたんです。五年前に、いまいっしょに暮らしている女性と出会ってようやく落ち着いたんです。それまで人に裏切られるばっかりで……」

そう言うと菊子はズボンをめくってみせた。右足首のところに、鋭利な刃物で切った傷跡が白く筋を引いていた。

一度目は伊豆大島の断崖から海に飛びこんだ。

「そしたら、潮の流れが強くて体が浮いちゃって。ちょうど通りかかった焼鳥屋の主人に助けられて、お金も全然なかったし、そこで働かしてもらったんです」

二度目は熱海だった。クスリを水代りにウィスキーで飲んで、横浜に帰るという人の車に乗せてもらった。

「自分がいやになったのね。自分でこうしようと思っても思うようにいかないでしょ。話すっても友だちはないし。自分のいろんなこと話すのも、哀れになっちゃって……。死ぬことしか考えないで……。車で揺られていたらこのままいっちゃうんじゃないかと思って。それで横浜に着いたの。二月だったから、外はすごく寒かったんです。そこへきて、下りたら急にクスリが効いてきたのね。食堂へ入ったら急に倒れちゃって……。気がついたら三日後でした。病院のなかで。子どもが生まれる前でしたけど……」

足の傷は二年前の十一月。現在のところに移ってからだという。感情の起伏が激しいのだろう。暗い過去に触れたがらない菊子も、言語に絶する苦難の人生を歩んできたのだった。

就職が決まった修に菊子が「くじけず頑張るのよ」という手紙を寄こしたことはすでに書いたが、桜木学園の育成録には「修、母の手紙を食い入るように読んでいる」と記されており、母の手紙に素直に喜ぶ修の様子がうかがえる。

その手紙の最後は「さようなら　修へ　母より」と書かれていたが、修の喜びとは裏腹に、母菊子はこの「さようなら」に親子のきずなを断ち切る意味をこめたというのだ。

「私は十何年ものあいだ、ずっと修を放っといたままだったんです。いまさら母親なんて出ていく資格がない。修が就職したとき、私は母であることを捨てたんです。小さいときの修の写真も全部処分しました」

「私なんていたってしょうがないじゃないですか。ほんとうですよ。こんな駄目な……こんな母親がいたとなると、子どもにもすまないし、子どもだって、何だ、こんなおっかあなんて思われてたんじゃ、自分自身も情けないところによけい情けなくなっちゃうし……」

そうは言うものの、事件を知った菊子の心は揺れ動いた。やはり子を想う母親なのだ。

修が拘置所に収監されてから毎週一回、差し入れを続けていた。このことは、山下弁護士も知らなかった。

「私も刑務所にいた経験があるから、甘いものも食べたいだろう、おなかもすくだろう。苦しんでいるんじゃないかと思ってね」

だが差し入れを続けながらも、菊子はなかなか修に面会しようとしなかった。

「今日こそ会おうと電車に乗るんですが、あれを言おうか、これを言おうかと考えると何を話していいかわからなくなってしまって……。いざとなると足が遠ざかってしまうんです」

母と子の十数年間の空白は、菊子に処理しきれぬ重さとなってのしかかる。

「私の過去のことなんか修に知ってもらっちゃ困るし……。それに私、普通のお母さんみたいにきれいにしてないし、女らしくないから〝こんな、おっかあか〟って子どもに思われるんでは情けないし……」

面会がやっと実現したのは、八四年の七月に入ってからだ。わずか十分間だった。

木下弁護士に説得され、いっしょに会うことになった。菊子は木下弁護士に目をやった。

「修は何もしゃべりませんでしたよね、先生」と菊子は木下弁護士に目をやった。

「最初だったもんで、お母さんは興奮してしまって〝法廷ではちゃんと自分の言いたいこと言わなきゃ駄目じゃない〟〝そんなに長い髪してちゃ。若者らしく、切りなさい〟って一方的なお説教調になって。〝母親というのはかわいい息子にはこんな調子でしゃべるもんだよ〟と修に言って、その場は切り抜けたんですが……」と木下弁護士。

面会中、修と菊子が顔を合わせたのは最初の一瞬だけ。あとは修は菊子から目をそらし、壁のほうを向いたまま。ひと言もしゃべらず、ニヤリと不気味な笑いをくり返すばかりだった。

だがそれから一カ月後、菊子は修に一人で面会した。

「そしたら修、きれいに髪を切っていてね、別人みたいでしたよ。私の言ったこと聞いてくれたんだな、と思ってうれしくなって……。〝何か欲しいものは？〟って聞いたら〝甘いものきらいだから果物だったら食べる〟って。黒いズボンはいてたから〝暑いから半ズボンにしなさい、差し入れたでしょ〟って言ったら〝いやだ〟って。笑い方も前と違って、ニヤリという気味悪い笑い方がなくなって、顔全体でニッコリという感じだったんです」

「私、怒ったんですよ。〝黒ズボンとか赤いシャツが好きだ〟って言うから。それで、私は〝黒とかは嫌いだし、そんなの着て裁判所に行けないでしょ。どうしても欲しいなら、房で着るんだったら入れてあげますよ〟って言ったんです。だけど、何枚も入れてるんですよ、私は。半ズボンも二枚、白ズボンも、ワイシャツも十枚以上、肌着だって行くたびに入れているんですから……」

「あの子私とそっくりなんです。無口で、照れ屋で。こっちから話しかけてやらないと全然しゃべらないんです。私もこんな人間がお母さんか、なんて思われるといやだから、そっぽ向いちゃうの。だから面会中は、目を合わさないようにお互いにそっぽ向いてるんです」

長いあいだの空白が大きすぎるのか〝感激の対面〟にはほど遠い光景だが、会ったのはまだわずか二回。それなのに修は〝果物がいい〟〝赤いシャツが欲しい〟と菊子に言った。人間不信に陥った修が、自分から要求を口にするなどということは、二年間付きあってきた木下弁護士にもなかったことだ。

木下弁護士は驚いた。

「私に、ああして欲しい、こうして欲しいなんてこと修、言ったことないんです。その修が……。やっぱりお母さんですね。定期的に差し入れしてたから、この人は絶対逃げていかない、という安心感があると思うんです。お母さんに心を開きはじめたんですよ、修は」

　だが、以前の修を知らない菊子は、木下弁護士から、修が心を開きはじめたといわれても、ピンとこないようだった。それどころか、素直に〝お母さん〟と飛びついてこない修に、違和感さえ感じたらしい。

「しゃべれないなら手紙を書けっていったんです。差し入れのたびに手紙をやってるんだから、って。そしたら修、〝オレ、字読めねえし、書けねえ〟っていうんです。あの子、桜木学園のとき、私に手紙寄こしたことあるんです。それなのにそんなこと言って……。〝便箋あげるから書きなさい〟って言うと〝そんなものいらない〟って。〝壁とにらめっこしてるの〟ったら、〝ウン〟って。〝書かなきゃ駄目よ。自分のためなんだから。時間が余ってるんだから勉強しなさい〟って言ったら、〝いやだ〟って……。照れくさくて無理に突っ張ってるみたいで……。あの子、おっかさんじゃなくて、別な人と話してるみたいで……。同級生の哲二って子が三カ月で心開いたのなら、私、三カ月でも半年でも修の心を開かせる努力はします。だけど、あの子ほんとうに素直に話せるようになるんですか？」

だれがあんな修にしたの！

　菊子の修に対する違和感は次第に絶望感に変わっていったようだ。

それから二週間後のことだ。菊子は木下弁護士の事務所に突然、電話をかけてきた。

「先生！　修は私に口をきいてくれないの。だれがあんな修にしてしまったんですか。私はもう面倒みられません。もう、私をそっとしておいてください！」

揺れ動く菊子の心境が何の拍子でそこまで行ってしまったのか、菊子は一方的にそう言うと電話を切った。

木下弁護士は控訴審公判の証人として菊子を申請、裁判長も証言を認めたが、菊子はついに証言台に現れなかった。

「その後、修に会いにいったら〝お母さんこなくなった〟と言って……。差し入れも月一回になったようで」と木下弁護士は表情を曇らせた。


修の裁判は、養護施設の関係者に大きな衝撃を与えた。

「修は事件を起こすことによって養護施設で働く我々に問題を突きつけた。修の事件をどう受けとめ、どう日常の仕事のなかに生かしていくのか、が問われている」という声がもちあがり、控訴審初公判後の十月七日、養護施設の保母、指導員などが集まり、検討会が開かれた。

参加したのは、七つの施設から十三人。

桜木学園の元指導員鈴木たちが中心になった呼びかけに、自主的に応じた人たちばかりだ。桜木学園の職員が三人もいた。

希望の家の寮母小沢和子の姿もあった。

参加者のだれもが「修の事件は他人事でない」という思いを持っていた。

「修の事件を聞いたとき、自分の知っている四、五人の子が浮かびました。〝ひょっとしたら、あいつかな？〟とドキンとしたんです。私の施設からだって、第二の修がいつ出てもおかしくないという恐れを常に感じています」と、集会に出たある養護施設の指導員（三三歳）は語る。

彼自身、二歳のときから養護施設で育った人間だ。

高卒後四年間ゴム会社に就職、金を貯め大学に入りなおし、施設の職員になった。

「施設を出たあと、ほんとに苦労しました。見知らぬ人に声をかけられるのがものすごく怖かったり、一人で電車に乗ることもできなくて……。死のうと思ったこともあったんですが、自分の育った施設の先生がずっと相談相手になって支えてくれて、やっとここまできたんです。どこかで道を踏みはずしたら、ひょっとしたら被告席にいるのは修でなくて自分なのかもしれない、とも感じました」という指導員は、一面では修に対して怒りさえ覚えたという。

「みんな苦しくても頑張っているのに、なぜ修は踏みとどまれなかったのか。複雑な心境なんです」

彼にとって施設の現状は理想にほど遠い。

「最近、施設に入ってくる子は、サラ金禍や離婚など家庭崩壊の影響をもろに受けている子が多いんです。入るまでの親子関係のゆがみから、全然しゃべらない子など情緒障害児が増えているんです」

施設に入ってきたときには、すでに大人不信というケースも多い。

問題児が激増しているのに、国の職員配置の最低基準は子ども六人に一人といった具合で、慢性的な人手不足状態は深刻だ。

各自治体のなかには、国の配置基準でとうてい十分な養護は無理だ、として独自に職員定数を増やしているところもあるが、それとて焼け石に水である。

母と子が一対一で接するように、職員と子どもの割合が一対一になるのがベストなのだが、職員自身にも生活があり八時間労働を前提とすれば、子ども六人に職員一人というのは単純に考えれば、職員一人で十八人の子どもの面倒をみている計算になる。

「施設に来る前から心の傷を持っている子どもが多いのですから、養護の上では子ども一人ひとりのケースに応じた対応が非常に大切なんです。幼児期に問題のあった子と思春期前の学童期につまずきのあった子とではまったく違う取り組みが必要なんです。しかし日常の仕事のなかでは忙しさにまぎれてなかなかそれができない。それにどうせそんな余裕はないんだというあきらめも半分あって、スケジュールどおりの集団的行事を無難にこなせればいいや、という気にもなってくるんです。子どもが問題行動を起こしてはじめて〝ああ、この子はこんなことを考えていたのか〟とわかるのが実情です。ほんとは、そんなんじゃいけないんですが……」と指導員。

子どもの自主性、社会性を育てるということは施設にとっては最大の難問なのだ。

「施設に子どもの〝生活〟がないからなんです。朝起きてから寝るまで、職員が生活のサイクルを全部決めているから、子どもはエスカレーターに乗っているようなもので、自分で判断する必要がない。すべて受け身だから自主性が身につかない。ところが社会に出ると何もかも自分で判断し行動しなければいけない。私も電車に乗れなかったりして死ぬほどの苦しみを味わったんですが、施設を出た子は社会のペースに合わせるのに大きな壁を乗り越えなければいけない。みんなそこで苦しむんです。就職しても、普通の子は言われなくても自分で判断して仕事を先に進めるのに、施設を出た子は言われたことはやるが自主的な行動がないからヤル気がないと誤解され、いづらくなって職場から逃げだし転落していくケースも多いんです」

集会参加者ではないが、ある施設関係者はこんな話をしてくれた。

「ウチにいる高校生に五千円ずつ渡したんです。好きな服買ってこいって。そしたらみんな何買っていいかわからないって言うんです。これは何とかしなければ、といま深刻に考えています」

こうしたことを反省して養護施設では、大きな建物で大集団の子どもをみる伝統的な大舎制度から、一軒の家を借り上げ、職員と数人の子どもがいっしょに暮らすグループホーム制度などへの転換を図ったり、里親制度の見直しをする動きもあるが、それも始まったばかりで、試行錯誤の段階だ。

お粗末な行政側の対応

施設が抱えるこうした悩みに対し、行政の対応はきわめてお粗末だ。

厚生省は児童福祉法にもとづき、子どもの養護を保障する費用として児童福祉最低基準を定めている。

これが人件費や子どもの生活費、建物の運営費などをひっくるめて各施設に交付される措置費の交付基準となっているのだが、国の決めた基準そのものが、施設で抱える悩みを解決するにはきわめて不十分なのだ。

職員配置の基準も、この最低基準に従って決められているのだが、これが実情に合わないものとなっていることは前に書いた。

だが問題はそれだけではない。

「国の基準では、食べたり、着たり、寝たりという生理的な生存を満たすのがやっと。子どもに高校教育を受けさせるとか、日常生活のなかに文化的なプログラムを組み入れて自主性、社会性を育てようと思っても、そういうことはまったく考慮されていないんです。国の基準では劣等処遇の原則というのがあって、十分に与えてしまうと働かなくなって、子どもの自立を妨げるという考えが流れているんです。税金で食わされているんだから、がまんしろというような思想なんです」と指摘するのは養護施設「東京育成園」の長谷川重夫園長だ。

たとえば、と長谷川園長が挙げてくれたのは高校進学の問題だ。

「六十年代になってすぐ高校進学率は九〇％を超え、高校は半ば義務教育化しました。それなのに国が施設の子に高校進学の道を開いてくれたのはやっと七三年になってからです。それも〝特別育成費〟という名目なんですが、高校が義務教育化しているのに施設にいる子が高校へ行くことがなんで〝特別〟なのか、理解に苦しみます。しかも、その際、国が出してくれるのは年額で一人につき十九万四千百六十円だけ、公立高校にしか行けない額なんです。そのため、世間では高校進学率が九四・五％になろうというのに、施設の子の進学率は四〇パーセントにとどまっているのが現状です。施設で育った子は、社会性などとかく情緒の発達に問題を持っているのですが、そういう子どもたちにとって高校に行くというのは社会性を身につける絶好の機会なのに……」


高校進学を除けば、教育費は直接の義務教育の経費に限られる。

「中学生にでもなれば、クラブ活動で頑張る子が多いんです。ユニフォーム代もかかるし、夏休みになれば合宿費で一人二、三万円かかるわけです。だけどこういう費用は〝直接の義務教育経費ではない〟ということで支給されていないんです。ウチにも十人以上の中学生がいますが〝お前は養護施設にいるんだからあきらめろ〟なんて、子どもをいじけさせるようなことは言えないので、やりくりが大変なんです」


東京育成園では、夏休みになると子どもたちを海水浴や山登りに連れていくが、こうした費用も、国の基準では考慮に入っていない、というのだ。

「ふつうの家庭では、長い休みでもあれば家族旅行するなんてことがありますが、こういう費用はまったく出ないんです。情緒的欲求が満たされない子どもたちにこそ、心と体を鍛えるプログラムは絶対に必要なんです」

　また修と同じように、施設を中卒の十五歳で出て、厳しい社会の荒波に入っていった子どもたちのアフターケアがいかに重要かは「希望の家」のところで指摘したが、これについての国の施設は皆無に等しい。

「退所後一年間だけ、就職した子どもが職場に定着したかどうかみるための訪問指導費というのが出ているんですが、これとても一回だけの交通費が支給されるだけ。雇い主への手みやげ代とか子どもと話すときのお茶代とか職員が自腹を切ってやっているんです。それに就職した子が職場に適応できなくて、施設に次の仕事がみつかるまで〝里帰り〟することがあるんですが、帰ってきたときの食事代も一銭も来ていないんです。アフターケアは、社会福祉の基本哲学として当然やるべきなのに、日本の福祉法の制度のなかではひとことも触れていないんです」

　長谷川園長は、日本の社会福祉施設が政治の谷間にあるとすれば、養護施設は谷間の底に落としこまれている、と強調する。

「オイルショック以降、老人福祉や障害者福祉の問題はスポットを浴びて、かなり改善されてきています。しかし養護施設は取り残されたままなのです。職員の給与ひとつとってみても、特別勤務手当の加算率は、養護施設の職員の場合わずか四％、ところが精簿施設の職員には一二％ついているんです。養護施設は子どももふつうの子で、手がかからないだろうというのですが、いま扱っている子は情緒障害の子が多いから思春期にはいろんな不適応を起こして大変なんです。かえって知恵遅れの子の方が職員の指示に従って生活態度では手がかからないのでは、と思うんですが……。親のいない子を多く抱えた養護施設が政治の谷間に置かれているのは、老人や障害者福祉の場合と違って票に直接結びつかないからなのか、とさえかんぐりたくなるんです」

このほか子育ての情熱を失った養護施設の世襲経営者の存在、地域社会からの無理解、結婚し、厳しい勤務条件の中で自分の子育てと両立できずに辞めていく保母、等々。施設の子を取り巻く状況は実に厳しい。

労働条件も恵まれず、情熱を持った職員でさえ施設を取り巻く制約条件のあまりの多さに悩み、苦しんでいるのが現状だ。

この日の集会では、こうした厳しい現実のなかで「一生懸命やっているが、ともすれば流されがちになる。職員同士、お互いが支えあうためにもこういう会をぜひ続けていきたい」という結論になったが、拘置所にいる修にどう対応したらよいかまでは、論議は進まなかった。

施設職員たちに混じって会に参加した木下弁護士は深刻な表情でこう訴えた。

「修の心を開くには雨が降ろうが、風が吹こうが、毎週決まった日と時間に彼に会いにいくしかない。だが私には時間もないし、彼を引き受けたくないという気持ちもある。しかし減刑を要求している以上、いつかは真剣に考えないといけない、と思っている。専門家の力を借りて修を目覚めさせなければいけないのだが、だれにも心を開かない現状を考えると更生については非常に気が重い。皆さんの力を貸してほしい」

訴えは悲痛だった。だがその訴えにその場で答える声はなかった。あまりにも重すぎる問題なのだ。

更生可能の修に裁判の壁

修は判決後も拘置所の独居房に未決囚として拘置されている。

格子窓と廊下の側にわずかばかりの板の間がつき、中央に二枚の畳、窓側にむきだしの水洗トイレと洗面台がついている。

午前七時のチャイムで起床してから、就寝を知らせる午後九時の消灯まで、一日三十五分の運動、五日に一度の入浴が許される以外、修はこの独居房から出ることはない。

朝、昼、夕方と一日三回、壁に埋めこまれたスピーカーから流れる音楽と午後五時から九時までの野球中継などのラジオ放送が唯一の楽しみだ。

人間関係を結ぶのが苦手な修にとって、こんな孤独な生活も苦にならないのだろう。

修は面会で木下弁護士に「寂しくない」と答えている。

最近の修は一日のほとんどを小説など本を読むことに費やしている、という。

一審の無期懲役判決――。

一時は服役するつもりになった修だが、「刑務所の外でお母さんに会いたい」との気持ちにかられ、控訴に踏み切った。

「私に言わせれば、修に責任はないですよ。こんなひどい環境に置かれたら、ふつうの大人だったら生きてられません。裁かれるべきは、修ではなく、修のように、恵まれない環境で育った子どもたちを救済するはずの児童福祉体制の不備じゃないですか。修を育てた施設やわれわれを含めた社会全体がきちんと連帯して責任を負うべきじゃないですか。その点を明確にしておかないと、今後とも第二、第三の修が生まれてくることになりますよ」

修の成育歴を発達心理学の臨床医の立場からみてきた小児療育相談センターの佐々木正美所長はこう断言する。

「こうした不幸な子どもたちが、順調に育って、恵まれない環境の何たるかを知らない裁判官たちに法廷で裁かれるのを見て、いつも割り切れない気持ちになるのです」と言う佐々木所長は、施設で育つ子どもと同じような状態が、家庭のなかでも進んでいる、子どもたちの自立を妨げるさまざまな障害が現代社会のなかに起こりつつあることに言及する。

「もう一つの問題はちゃんと子どもを育てられない親が増えているために情緒障害児が多くなっていることです。家庭のホスピタリズム(施設病)化と言うのですが、家庭的な暖か味のある

〝ふるさと〟を失った子どもたちがいっぱい私のところに来ています。そういう子どもたちをどのようにして、社会的な適応能力を備えた人間に育てあげ、救済していくべきか。本格的な対策を立てなければならない時期にきているのです。修の事件はこうした問題をわれわれに強く警告しているのではないでしょうか」

修一人に責任を負わせてよいのだろうか――控訴者の弁護人を引き受けた木下弁護士が、控訴趣意書の柱に精神鑑定を置いたのもそのためだ。

「一審で、規範意識の鈍磨が著しい、と言うが、ではなぜ鈍磨したかについては一言も触れていないのです。修の成育歴と、鈍磨の原因は重大なかかわりがあるのです。修のこうした人格発達における障害を修の責柱と言えるでしょうか」

一審で、弁護側の成育歴の主張があっさりと退けられたとおり、現在の日本での刑法理念は、規範意識を覚醒させる機会が、だれにでもあるのに、自らの責柱で鈍磨させた点に犯罪責任を求めることで成り立っている。これまでの判例でも、鈍磨の原因にまでさかのぼって、人格の発達問題に踏みこんで判決を出したケースは、ほとんどない。

「憲法で保障された正当な教育と成育の権利を修から奪っておいて、更生の見込みはないからと言って、無期懲役刑にするのは、いかにもおかしい。鑑定が採用され、鈍磨の原因にまでさかのぼれば、司法の在り方にとっても、画期的なことになるはずです」と木下弁護士。

こうした意味での精神鑑定は可能なのだろうか。

多くの刑事事件で、精神鑑定を担当したことのある東京医科歯科大学の山上皓・助教授（犯罪心理学）はこう説明する。

「人格発達が非常に未熟で、IQでは計れないほどの知的な偏りがあることを理由に、精神鑑定を求め、修の責任を減ずる方向で立証することは可能でしょう。しかし、再犯性の非常に高いケースだし、日本の矯正制度が十分に機能を果たしていない現実を考えると、はたして減刑することが社会的に価値のあることかどうか疑問です」

山上助教授によると、刑の目的は矯正と隔離にあるが、矯正に重点が置かれているはずの日本の場合、矯正に必要な個別処遇が十分でなく、制度そのものに欠陥がある、というのだ。

「病気であれば治すことも可能なんですが、修のような人格発達上の障害は病気ではないわけですから、簡単ではありません。しかし基本的な精神療法が修のような少年には必要でしょうね。日本の矯正制度のなかに、こうした人を心理面から専門的に治療する施設があれば、裁判所の考え方も変わってくるのではないでしょうか。私はむしろ、修の問題をとおして、矯正制度の欠陥を訴えることのほうが社会的に意味あることだと思います」と山上助教授。

聖心女子大の岡宏子教授（発達心理学）は「現在の少年院や刑務所での更生は望めないですが、だまされてもだまされても修にかかわりつづける人がいれば更生は可能なんです。そういう人はだれか出てくると思います」と語る。

佐々木所長もまた「修ほど難しいケースはないですが、多くの臨床体験から言って、週一回のカウンセリングで早くて十カ月、遅くとも一、二年で修を回復させる自信はありますよ」と断言する。

更生の可能性が残されている修の将来をこのままつぶしてしまってよいのだろうか。

再び九月十一日の高裁法廷。

「閉廷します」の声で全員がいっせいに立ち上がった。審理を終えた修は再び両手錠をはめられ、正面右側のドアへ。法廷を出る瞬間、傍聴席を振り返り、友人の信雄と目を合わせると、ニッコリと微笑んで去っていった。

傍聴席には桜木学園の職員、元職員の鈴木十郎、希望の家の寮母、小沢和子の姿もあった。

第7章　社会が裁かれるとき

だれが修を非難できるか

女子大生暴行殺人事件を審理する高裁八〇三号法廷はその後、判決まで三回開かれた。

十一月八日の第三回公判では木下弁護士が申請した修の精神鑑定請求は却下された。

精神鑑定が認められれば、精神科医や発達心理学の専門家に修の成育歴を分析して、発達心理学的にも責任能力を修に求めることが不可能であることを証明してもらい、結果責任だけに主力を置く現代の裁判制度のあり方にも一石投じる計画だった。

裁判官は精神鑑定請求を却下するかわりに、修本人と、修が四歳から中学卒業までいた養護施設「桜木学園」の主任保母、そして修の母親菊子の証人尋問をすることを決めた。

主任保母は木下弁護士の質問に答える形で修が在園していた当時の学園の実態を淡々と述べた。

木下弁護士は修が在園当時の部屋割り表を示し、具体的に名前を挙げながら少年院体験の有無を確認していく。

「××はどうですか」

主任保母「少年院に行ったことがあります」

こんな調子で、修を含め同級生四人が少年院体験のあることを主任保母は認めた。

そして、少年院に送られるような生活体験が、在園中に上級生から半ば強制的に仕こまれていく実態も明らかになる。

「当時いた子で、盗みが連日続くので、おかしいということになって、本人から事情を聞いたんです。そしたら、盗まないと、みんなに殺されるから仕方がないので……というようなことを聞きました」

修の同級生や先輩たちが証言した仲間同士のリンチも主任保母は知っていた。

「畳の上に、あお向けに寝かされ、押し入れの上段から、ミゾオチ目がけて飛び降りるんです。それから、おしおきもありました。小さいころはオネショする子が多いものなんですが、オネショすると部屋のなかが臭くなるので、そういう子は上級生におしおきされるんです。明け方とか、食事時間とかに、布団蒸しにされたり、おみそ汁に具を入れないで出されたりとか……」

主任保母は、こうしたリンチやおしおきは少年たちが卒園後に語ってくれたので知ったという。

木下弁護士が「直接見たことはないんですか」と尋ねると、次のような体験を語った。

「体の具合の悪い子など病室で看病するんですけど、看病するほどでもない子は静養室で静かに寝かせておくんです。何か変な声がするもんですから、しのび足でいってみると、大きい子が小さい子を布団にくるんで殴ったり、けったりしていました。修が実際にやられていたかどうかは記憶にありませんが、その可能性は大きいと思います」

当時は職員数が不足し、長続きせず次々に辞めていくので十分な指導ができなかったこと、感化院としての名ごりから園児は男子のみで不自然な状況などを次々に証言したあと、主任保母は最後にこう言った。

「修の刑が何年になるかわかりませんが、その間に修と職員との信頼関係づくりに努力し、何とか自分自身を振り返ってくれることができるよう、私たちの力のおよぶかぎり、更生に力を尽くしたいと思います」

木下弁護士が「裁判所にお願いすることは」と尋ねると、そのとたん、主任保母は肩をふるわせ、ハンカチで顔を覆い泣き崩れた。

「すみません」

やっと聞きとれるような声で、そう言った。

「修の減刑をお願いしてもらえますか」と木下弁護士に問われ、主任保母は「ハイ」と小さく頭をふるのがやっとだった。

被告席に座っている修の目の前で泣き崩れる主任保母に修は最後まで視線を向けなかった。

続いて修の母、菊子が証言台に立つ予定だった。

だが菊子は姿を現さなかった。

木下弁護士に電話をかけてきて、必ず法廷には顔を出すから、裁判所の召喚状だけは出さないでほしいと訴え、山下弁護士は菊子の言葉を信用した。しかし、菊子はこなかった。

菊子は法廷で自分の過去に触れられるのをいやがったのかもしれない。

このため、主任保母のすぐあとに、修が証言台に立つことになった。

木下弁護士が何度も殺意の有無を尋ねたが、修は一審の地裁法廷と同じように「失神させるつもりだった」「殺す気はなかった」とくり返した。

木下弁護士は母親菊子のことを質問した。

「お母さんは差し入れしてくれていますね。いつごろからですか」

「少したってから。一年くらい続いています。以前は二週間に一回だったけれど、いまは月一回です」と修。

「最近、君がすごく明るくなったと思うんですが、何かあったんですか」

「別にないです」

「お母さんのことが心のなかで整理されたのですか」

「そんなことないです」

こんなやりとりのあと、木下弁護士が「もう二度と絶対にやらないと誓えますか」と尋ねると修はうなずいて「誓います」と答えた。

しかし、その後、検察側の「殺人事件当日は強い風が吹いていて、風の音を利用すれば外部に音は聞こえないと考えましたか」という質問には「考えた」と答え、検察側の主張である〝殺してでも乱暴しようと思った〟という殺意を間接的に認めたと受けとられる証言をしてしまった。

木下弁護士は補充質問で、小さいときに上級生から口に含ませられる性体験があったかと聞くと、修は「小さいときある。一、二回」と答え、桜木学園の卒園生たちの証言を裏づけた。

十一月二十七日の第四回公判。この日は最終弁論の日だった。

木下弁護士は裁判長が「最終弁論は書面で」と求めたのを拒否、弁論を読みあげた。修に読んで聞かせ、弁論内容を理解させようとの配慮からだった。

木下弁護士は修の殺意を認めた一審判決は承服しがたいと述べたあと、情状について次のように訴えた。

「無期懲役は〝お前は見込みがない〟という刑です。それは教育より応報に力点を置いた刑の宣告です。しかし、修ほど教育の必要な人間はいないと考えます。乳児院、養護施設、学校、少年院、いったいだれが胸を張って〝教育したのに、修はそれを裏切って犯罪を犯した〟と非難できるでしょうか」

木下弁護士の視線は被告席の修と書面とのあいだを何回も往復し、口調もだんだん修に言い聞かせるように変わっていった。

「修を母親から取りあげ、国が養育すると決意したとき、国は修の養育に責任を持ったはずです。しかるに、その義務と責任を全うしないで、再び国の名で無期懲役を宣告するのは大いなる矛盾と言わなければなりません」

被告席の修は白地に赤色の格子じまのカッターシャツ、黒のコール天ズボン。あごに二センチほど、ひげを伸ばしていたが、童顔のうえに、ひげそのものがうすいため、ちぐはぐな感じだ。

木下弁護士の弁論を、修は表情を変えずにじっと聞いていた。

山の写真が欲しい

最終弁論は三十分で終わった。

閉廷後、法廷横の控え室に桜木学園はじめ他の養護施設の保母、指導員ら約二十人が集まった。

木下弁護士はこう切りだした。

「言うべきことはすべて言いました。判決で減刑になるか、控訴棄却になるか、見当もつきません。しかし、いま、いちばん大切なことは判決の行方ではありません。修の更生に私たち一人ひとりが何ができるか、ということだと思います。正直言って私自身、何度もこの事件から逃げようと思いました。しかし、もう逃げられません。修が刑を終えたとき、再び事件を起こさないように更生に全力を挙げなければいけません……」

集まった人たちは弁護士の立場を超えて、一人の人間として修にかかわろうとする木下弁護士の姿に胸を打たれた。

「刑務所に移されても、自分を理解してくれる人間がいるんだ、生きていてよかったという実感を修に与えたい。そのためには決まった日に必ず面会に行く必要があります。最低、月一回、細くても、息長く続けなければなりません。そのために資金が必要です。修の裁判を通じてみなさんが集まられたことですから、この法廷にちなんで八〇三基金と名づけたらどうでしょうか」

木下弁護士の提案は全員一致で採り入れられた。

初公判には桜木学園など修の身近な人だけだった傍聴人も公判を追うごとに増え、参加者が中心になって「八〇三号法廷問題を考える会」も同時に発足させ、広くカンパを募ることになった。

木下弁護士は語る。

「カンパをいただいた方には、面会での修の様子や会の討議内容などを定期的にお送りするようにしたい。修のような少年を二度と出さないためにも、会の輪を広げていく必要があると思います」

十二月十日夜、東京で「考える会」の第一回会合が開かれた。参加者は八十人にもふくれあがり、小さな会議室を埋めつくした。養護関係の施設職員だけでなく、施設長の姿もあり、木下弁護士の経過報告などに耳を傾けた。

桜木学園の修に対する取り組みも着々進んでいる。

集会のあった十日午後三時すぎ、桜木学園の指導員、吉野国明（三五歳）＝仮名＝が初めて単独で修に面会した。これまで、桜木学園の職員の面会を修は拒否してきただけに、吉野は目をうるませて、面会の状況を語る。

「何しゃべっていいかわかんないから、山の話をしたんです。修はほとんど口をきかないので、〝何か欲しいものないか〟としつこく聞いたら〝山の写真と太陽の写真欲しい〟って。何か心が通じたようで、うれしくて……」

心を通わせる糸口がやっとできそうな気がして吉野は翌十一日午後、早速、山岳写真集と新田次郎著の『孤高の人』を持って再び面会した。

「太陽の写真はご来光の写真でよかったのか」と聞くと修は「うん」と答えた。

桜木学園で南アルプスの北岳に行った話をすると修は「オレも行ったよ」とはにかみながら答え、「山へ行きたいか」と尋ねると「行けっこないよ」と下を向いた。

更生への道がこれから始まる――。

親の姿が心の支えに

本書のもとになった「荒廃のカルテ――鑑別番号１５８９号」は共同通信から配信され、八四年九月十七日から全国の地方紙三十六紙に掲載され、大きな反響を呼んだ。

連載を読んだ読者からの感想や投書が掲載した地方紙のデスクに舞いこみはじめた。

そのなかには女子中学生や女子高校生からのものも多かった。

その一通にこう書いてあった。

「修のこと、私にとって他人のように感じられないのです。過去に私も警察にやっかいになったことがいくつかあるのです。家出から始まり、窃盗、恐喝、暴走族、けんか、シンナー、強盗致傷――。手錠をかけられ、留置場、検察庁、少年鑑別所にも行きました……」

「問い合わせがありましたら、月～金曜までの夜八時ジャストに電話をください。私自身が出ます。もし、私以外の者が出たら、どうかそちらの用件はお伏せください」

レポート用紙六枚にかわいらしい、まるまったボールペンの字でびっしり書かれていた。

手紙に書かれていた電話番号を手掛かりに、何度か電話し、やっと連絡がとれ、地方都市のある駅前の喫茶店で会うことができた。

流行の刈り上げショートカットのヘアスタイルに黒のスーツ。約束の時間ぴったりに手紙の主は現れた。修より一歳年下の十九歳の少女だった。

目の前に座った少女はすまなさそうな表情を浮かべ、語りはじめた。

「昔の私や事件のこと、家族のものは早く忘れたいんです。だから、あの手紙書いたことも、こうしてお会いすることもだれにも話していないんです。事件を起こしてから、もう二年近くたってますが、ときどき、周囲の人の目が怖く感じることがあるんです。私のことを変にうわさしているのではないかって。私、手紙を書いたのは、そんな気持ちに区切りをつけたかったからなんです」

それは彼女が高校二年で退学、暴走族に入ってシンナーを吸ったり、荒れていたときのことだ。

「髪を染めた生意気な子がいたから、やってやれということになって。ホラ、ここから駅のトイレが見えるでしょ。友だちとその子を駅のトイレに連れこんで殴る、けるして財布から二万五千円抜き取ったんです」

髪の毛をまっ黄色に染め、ロングスカートのツッパリスタイル。荒れまくっていた当時の彼女は、それまでにも地元の警察に不良少女としてマークされていたため、その日のうちに強盗傷害で逮捕。警察と少年鑑別所に二十八日間も拘留されたが、幸いにも家庭裁判所で保護観察処分となった。

「なぜ不良になったか、自分でもわからないんです。一人っ子で、小さいときから、金銭的にも困らなかったし、どんな無理な要求でも通ったし、厳しく親から怒られもしなかったんです。警察に呼ばれたときも〝すんだことだから仕方ない〟って。ただそれだけでした。だから次に何か悪いことをしても、親は怒らないだろうし、警察にさえ捕まらなければいいやっていう考えになってしまって……」

しかし、話を聞いていくと、養護施設と家庭との違いはあるが、修と同じような孤立した状況がこの少女にも広がっていた。

少女には二歳年上の先天性心臓疾患の兄がいて、母親は看病にかかりっきりだったため、幼い少女はもっぱら祖母に面倒をみてもらった。

彼女が小学校三年のとき、その兄が死んだが、それ以来、父親は大酒を飲んでは暴れ、耐えきれなくなった母親は別居、父子家庭となった。父親の元に残された少女が「自分の勉強部屋が欲しい」と頼むと、庭に別棟の家を建てるほど父親は甘やかした。

「母は私が高校に入ったときに、家に戻ってきてくれたんですが、母って言えば兄のそばにいたという印象しか残っていません。甘えたいなあと思ったときには、母はいなかったんです。学校から帰っても、別棟の自分の部屋で一人ぽっち。朝と夜の食事だけ、母屋に行くという生活だったんです。いつも寂しさが心のなかから消えませんでした」

そんな生活の転機になったのが、家庭裁判所の審判だった。

「裁判官が保護観察処分の決定を下したときの、あの父と母の顔が目に焼きついて離れないんです。警察では〝必ず少年院に送ってやる〟って言われていたし。裁判官を見つめるあの二人の真剣な顔。私が家に帰れるとわかったとき、父と母のあいだに座っていて、二人がホッとため息をついたのがわかったんです。つらかったんでしょう。私以上に苦しかったんでしょうね。私一人じゃない、私のことを思ってくれている親がいるんだ。それが私の心の支えにいま、なっているんです」

少女はいま、国道沿いのレストランでウエイトレスとして働いている。別れ際に、こう言った。

「修の無期懲役なんとかならないんでしょうか。確かに更生はむずかしいかも知れません。しかし、必ず更生のきっかけが修にも訪れると思うんです。それなのに、無期懲役なんて、あまりにも悲しすぎます……」

少女は初めて涙をためた。

抱きしめてやりたい

「私の十六歳の長女のことが私の脳裏を横切る。現在、居場所もわかっていない。何度も家出をくり返す長女。捜す気持ちもなくなった。しかし、この連載で、子どものことがすべてわかっているると思っていた私だが、実は何も知らないことに気づきました……」

小さな農村で雑貨店を開いているという母親（四〇歳）からの手紙はこんな書き出しで始まっていた。

「子どもの行動、気持ち、何ひとつとして母親である私にはわかっていませんでした。連載のなかでの修の行動が、言葉が長女の私に対する挑戦のような気がしました。いま、私が痛切に感じられることは親子であれ、心のなかまではわからないし、また、そのなかに無理に入ることなどできないし、入ってはいけないということ。母親はいつの場合でも、自分の袋のなかに子どもを入れてやれる、そんな気持ちでいなければいけないのでしょう。私には考えさせられることばかりでした。（中略）今日から、また長女を捜しに歩いてやろうと、力がわいてきました」

母親のわが子に対する情が原稿用紙に綿々と書かれてあった。

一面に広がる田んぼのなかの集落に古びた雑貨店が建っている。母親はその店の奥でひっそりと店番をしていた。

夫は建築職人。十六歳と十三歳の娘二人の四人家族。夫の不定期収入を母親が雑貨店経営で支えている。長女は半年前に五回目の家出をしていて、いまは家にいない。

「小学校二年生のころでした。買ってやった覚えのないマンガの本を長女が二冊持っていたんです。〝先生にもらった〟と言うので、先生に聞いたら〝知らない〟って言う。それで調べたら、長女が貯めていたお小遣いはないし、私の財布から千円がなくなっていた。問い詰めると、友だちと買い食いしたりして三千円も使ったと言うんですね。それで、これはいけない。この子はこんなクセがあるのかと、いろいろ考えちゃって、もう大変なことになったと思いこんでしまったんです。それからです。私は目を光らせ、あの子と付きあっちゃ駄目、友だちは選んで付きあいなさい。外に遊びに出たら駄目、本を読みなさい。これで、ずっと過ごしてきたんです」

学校と家の往復。学校が終わる時間から帰宅時間を決め、少しでも遅れると母親は学校に迎えに行った。言うことをきかないと、雨のなかを外で二時間も正座させたり、物差しで殴りつけたこともあった。

中学に入る前、母親の財布からまた二千円がなくなった。

「長女かどうかわからないのに、私、気が動転してしまって、髪の毛を引っ張り、引きずり倒して長女を責めたんです。このまま放っておいたら、他人に迷惑をかけることになると思って。いまから考えると、異常なんですが、そんなでしたから、長女は何一つ私に口答えしないし、自分の考えを主張することもなかった。それが、中学に入ってから反抗するようになって……」

夫婦仲の悪化が反抗に輪をかけた。長女が中一の三学期のとき、母親は思いあまって家出する。三カ月後、仲人の取りなしで家に戻ったが、長女は手に負えないほど荒れていた。

「あのころ、長女に相談していたんです。〝家出るからね。そのときにはいっしょに連れていくから〟って。でも連れていけなかった。それが影響したのかもしれません。長女は私が家を出ているあいだに暴走族に入ったり、男と付きあってたばこを吸って、髪の毛を黄色に染めていました。私に抑えつけられていたものを一気に爆発させたのでしょうか。取り返しのつかない人生のスタートを長女にさせてしまったんだと悔やんでいるのですが・……そして中学三年になって家出が始まって……」

母親は声をつまらせ、しきりに鼻をすすりあげる。

母親は家出した長女を求めて夜の町を自転車で走り回った。長女の友だちの家から家へ。男のアパートにいるのを見つけると、家に引きずり戻す。しばらくおとなしくしていたかと思うとまた家出。

せっかく入った女子高も欠席が続き、一年の一学期で退学となった。

五回目の家出のとき、母親は長女の異常に気がついた。

「どうやら妊娠していたようなんです。一人で苦しみ、悩んでいたんです。でも、私には一言も相談してくれなかった。そのことがずっと心にひっかかっていたんですが、連載を読んでいるうちにハッと思ったんです。妊娠したという女として最大の悩みを打ちあけてもらえない母親っていったい何だろう。長女にとって私は母親だったんだろうか、と。私は同じ屋根の下に住む監督者でしかなかったんですねえ。長女が苦しんで、家出して、私はやっとほんとうに母親にならなければならないことを知ったんです」

母親は最近、隣町の機械工場で働いている長女を捜し当てた。だが連れ戻しには行かない。

「元気だとわかればそれで十分なんです。長女が私のことを必要としたとき、こんどこそ私は母親として、しっかり抱きしめてやることができると思うんです」

母親は四時間近く話したあと、最後にこう結ぶのだった。

影響大きい育児法

熊本市の養護施設の園長と名乗る人からこんな電話がかかってきた。

「『荒廃のカルテ』を読んだ近所の母親たちから〝養護施設はいまでもあんなにひどいのか〟と追及されて困ってるんです。リンチなんかありません。施設で抱えている問題は実は家庭でも抱えている問題だということに気づいていないから平気でそんなことが言えるんですよ」

短いやりとりだったが、子育てにかける情熱がこもる話しぶりに興味をひかれ、会って話を聞いてみることにした。

電話の主は熊本市の社会福祉施設「慈愛園」で養護施設の園長をしている潮谷愛一さん（四五

歳）だった。

乳児院、養護施設、保育所、盲・ろう児施設から有料老人ホームまで十四の施設をもつ慈愛園は敷地面積が一万坪。大きなグラウンド、そびえる大木、ゆったりとした広さと自然環境は都会では望むべくもない。

小さな事務所で会った潮谷さんはヨットパーカーにコール天のズボンと年齢を感じさせない若々しさだ。

「こんな本をご存知ですか」

潮谷さんが取りだした一冊の小冊子の表紙には『母子健康手帳副読本、赤ちゃん』と書いてある。

「保健所に妊娠届けを出したときからお母さんになる人全員に無料で配布されているんですが、このなかにとんでもないことが書いてあるんですよ」

潮谷さんが開いたページにはこう書かれていた。

「赤ちゃんは、初めから一人で寝かせましょう。添い寝はお互いに寝にくいだけでなく赤ちゃんを窒息させる危険もあります」

「おんぶの時間はなるべく短く」

「やたらに抱きぐせをつけることもよくありません」

潮谷さんは身を乗りだすようにして「とんでもないことです。乳幼児期には十分な甘えが必要なんです。抱っこも、おんぶも添い寝もしてもらえない子に、どうして心の安定が得られるでしょうか」とくり返し強調した。

一人寝させて独立心を育てる、というのは戦後米国から入ってきた育児法だ。『赤ちゃん』の初版は六四年から発行されているが「一人で寝る習慣をつけることが大事です」と一人寝の勧めが説かれている。

「その米国でもいまは甘えが大切ということになっているんです。それなのに厚生省はなぜこんな内容の本を出しているのか理解に苦しみます。すぐ改訂すべきです」

「この本が出た六四年ごろは、ちょうど核家族化が進行しはじめ、育児の伝承もなくなってきた時代です。『赤ちゃん』を育児の教科書として育てられた子どもたちがちょうど中学生になる七七、八年ごろから少年非行が社会問題化していることを考えれば、この『赤ちゃん』が非行や情緒障害児の激増の一因になっているのではないか、とさえ思えてならないのです」

調べてみると『赤ちゃん』を発行しているのは厚生省の外郭団体で、年間の発行部数は百五十万部以上。影響力は大変なものだ。

潮谷さん自身、七〇年に米国の情緒障害児施設に一年間住み込み、カーッとなって抑制のきかない攻撃的な子どもたちを見て驚かされた。

帰国後、地元の短大の助教授になり児童福祉を教えていたが、幼稚園や施設で働いている教え子たちから〝完黙や自閉的な子、落ち着きがない子がやたらに多い。どうしたらよいのですか〟という相談を受け、十年たって日本の子どもたちが米国と同じ状態になった、と思った。

「相談されても、どうしていいかわからず困りました」

潮谷さんに光を与えたのはアメリカの心理学者ハーロウの『愛のなりたち』（ミネルヴァ書房）というサルの実験の本だった。

「ミルクが出る針金のサルとミルクの出ない布切れのサルを用意して、子ザルがどちらに行くかを見ると、布のサルのほうに行くんです。子ザルが求めているのは乳房でなく、温かさ、心地よさ、安心感なんです。このほか母ザルに育てられた子ザルは仲間遊びできるのに、そうでない子ザルは仲間集団に入れないとか、仲間遊びさせないで育てたサルは攻撃的で異性とのセックスもできないとか……いろんな実験があったんです。読んでいくうちに、これだ、と光を得たような気になったんです」

潮谷さんはすぐ相談を受けていた自閉的な子どもの母親三人を呼び、育児の様子を詳しく聞いた。

「そしたらどの母親も抱かない、おんぶしない、添い寝をしない、と同じ答えなんです。まさか、と思ったんですが、ほんとうにびっくりしました。五歳になった子もいましたけど、抱っこに添い寝と一からやり直しなさい、と指導したら一カ月ぐらいでおしゃべりができ、そのうち仲間遊びができるようになったんです。どの母親も〝信じられない〟というくらい急激な変化を見せたんです」

確信を得た潮谷さんはときどき頼まれるＰＴＡや老人クラブの講演などあらゆる機会をとらえ

て「育児には添い寝も抱っこも大切だ」と訴えつづけた。

「でも、厚生省が出している本ということでなかなか受け入れてもらえなくて……。お年寄りは〝自分たちのやり方は正しかった〟と喜んで聞いてくれるんですが、それを若い夫婦に言ってても取りあってもらえないんだそうです。保健所でもらった本には〝おんぶ、抱っこはほどほどにと書いてあるじゃないか〟って逆に反撃されるというんですね。『赤ちゃん』は育児の伝承をも阻んでいるんです。最近子どもがひよわなのは親が甘いからだなんて体罰信仰みたいな風潮が広がってますけど、ひよわなのは十分な甘えを与えられないで、自信が持てないからなんです」

潮谷さんの養護施設にも最近は親がいるのに情緒障害で入ってくる問題児が増えている。

「施設でみられる状況は、実はそういう子どもたちが社会にまんえんする前兆現象なんです。そういう意味では一般家庭から修のような人間がいつ出てもおかしくないと思うんです。施設の子には社会性が育ちにくいといいますが、一般家庭でも社会性のない子が増えているんじゃないですか。いまは〝施設の子〟も〝家庭の子〟も同じ問題を抱えているんです。お母さんたちもうちの子は大丈夫、関係ないなんて思っていたら大変なことになりますよ」

潮谷さんは無気味な警告を発するのだった。

母親を厳しく問う手紙も

警察に逮捕され、少年鑑別所に送られた元ツッパリ少女。娘に家出されて初めて母性とは何かを知った母親。傷ついた心の子どもたちを引き受ける養護施設長——これまで紹介したのは寄せられた読者の手紙のほんの一部だ。このほか、現在子育て中という母親、これから母親になる女子中・高生、子どもが非行にはしるのではないかと心痛める父親……とさまざまな立場の、さまざまな思いがこめられた読者の手紙は子育て、家庭のあり方という永遠のテーマを自分の人生に引き寄せて語りかけてくる。

「最初は許し難いと思ったが、修の生いたちを知るにつれ、無期懲役は酷ではないか、かわいそうだ」と修に同情する手紙が圧倒的に多かった。

しかし「修の成育歴と刑罰の問題は別問題だ」という見方もあった。

元中学校の校長は次のように書いている。

「修の不幸は強調しすぎることはないとしても、一方で殺された女子大生やその両親の怒りや悲しみも見すえなければならない。修に重刑を科すことが何の解決にもならないが、さりとて軽い刑に止めることがはたして納得されることなのか。事件の多発を予防する観点からも〝矯正制度が不十分な現実からは減刑が社会的に価値あるかどうか疑問〟というのが普通の考えではないでしょうか」

半数以上が子育て経験のある女性から寄せられた手紙だが、修の母親を厳しく問うものもあった。

「一日の仕事を終え、玄関で胸に飛びつくわが子の姿、無性にかわいく、母として、幸せに感ずる一瞬です」という三児を持つ働く母親はこう書いている。

「生きるのに精いっぱいの状態では子に対する愛までも手が届かないのかもしれません。しかし、幼児期の母の愛情はかけがえのないものです。立派な妻になれなくても、子を宿したときから女は母として目覚めるものと私は思う。それを、苦境のなかから、わが子をしっかり抱いて、はい登れなかったこの母親を責めるのは酷でしょうか」

また五十二歳の女性は「刑務所でオッパイを吸われたときの喜びを支えに何とか母の愛を注げなかったのか。何としても修君の心を開くまで会いにいってください。十九年間も放って置いたのだから、修君の罪の償いは二人でするべきです」

いずれの手紙も同じ女性の立場から修の母親に対して親としての責任を厳しく問うている。

だが、「泣けて泣けてどうしようもなかった。修にかけ寄って、ほおずりして、頭をなで、抱きしめてやりたいような、そんな衝動にかられた。これほど愛情に薄く、寂しい人生があるのだろうか」という三十一歳の主婦の声は、多くの若い親たちの代表的な意見だ。

「四カ月の娘を厳しく育てるべきか、甘やかすべきか、初めての子で迷っていました。いまは無条件でこの子を愛して育てようと思います。素行不良の少年が多い今日、それは本人の意思が弱いからだ、と何の疑いもなく思っていましたが、彼らはそんなことでは片付けられないゆがみを持っているのですね」

また二児の母という二十八歳の主婦はこう書いている。

「この連載を読んでほんとうによかったと思います。母としてどうすればいいかわかりかけたように思います。子育ては男性にわからない苦労がありますが、夫とともに愛情をかけて、他人の痛みのわかる子に育てたいと思います」

修と同じような境遇に育った若夫婦からの手紙もあった。

「いろいろな事情があると思いますが、愛しあってできた子どもなんだから、絶対、離婚しないで、夫婦とも努力して、一生仲良く、一生懸命、子どもを育ててほしいと思います。夫も私も似たりよったりの離婚した親がいて、兄弟、姉妹もみないっしょに育たなかったのです。結婚も反対されたりしながらも親のようになりたくないと思って、愛しあっていたので籍を入れました。いま、子どもも四人になり、けんかしたり、仲良くしたりする子どもたちを見て、二人して自分たちがしたことのない兄弟げんかを見て、うらやましく、眺めています。この先も離婚などしないで長くいっしょに生活をします。だって子どもたちが結婚して、ちゃんと里帰りする場所を二人して守っていたいのです。三十四歳の母親と三十一歳の父親だけど、だれも教えてくれない親の姿を一生懸命演じています。わからなくて心細いときもあるけど、これから先もがんばります」

若夫婦と四人の小さな子どもたちのほのぼのとした家庭のぬくもりが文面から伝わってくる。

共働きと子育て

その一方で、甘えすぎについて心配する指摘もあった。

パートで働きながら四人の子を育てているという四十六歳の主婦の手紙はこう訴える。

「四人の男の子を育てた（現在も中学、高校生を育てている）母親として甘えの難しさをいつも感じます。私自身、母親に甘えたい欲求をいつも裏切られて育ったために、自分に子どもができたら、十分甘えさせてあげようと思い、育てているうちに、甘えの害のあることもわかり、適度の厳しさと使いわけながら育てています。

修は甘えを知らないで育ちましたが、私の周囲には甘やかしすぎの子が多いように思います。甘えを知らない子と甘やかされすぎた子は共通点があるように思えるのです。甘やかされすぎた子が殺人を犯さないとは言いきれません。先生も親も成績のいい子だけを求めすぎ、人間形成に大切な基本的な何かが欠けているように思います。

甘えと厳しさをうまくコントロールしながら父親、母親の責任を分担しながら、子どもを育てていく、難しさをしみじみ感じている今日このごろです」

この主婦の手紙は子を持つ母親に共通する悩みに思えたので、連載に登場した小児療育相談センターの佐々木正美所長に聞いてみた。

「甘えすぎと見えるのは、実は本当に甘えさせていないんです。子どもの望む愛情をかけられていない子は、いつまでも甘えるんです。早い段階で子どもの望む愛情をたっぷりとかけられた子どもは、過保護にしようと思っても〝ママはじゃまだ〟と逃げていきます。親が突き放さなくても、子どものほうから自立して離れていくものなんです」

佐々木所長の答えは明快だった。

さらに、この連載で人間の成長にとって乳幼児期の甘え、依存体験が大切であるという専門家の指摘は働く母親に不安を与えただけでなく、これから母親になろうとする若い世代に〝共働きはよくない〟というイメージを抱かせたようだ。

たとえば、二人の幼児を託児所に預け、夜間高校に通った、という三十一歳の主婦は次のように手紙で書いている。

「私はいま、二児の母親です。サラリーマンの主人と四人の暮らしです。この連載にはわが家にも当てはまるようなことがいくつもあり、真剣に考えさせられています。子どもたちが大きくなっていったとき、親として少し自信がありません。

というのも、私は中卒で調理師の免許を取り、家の商売を手伝っていたときに主人と出会い、結婚しました。そして子どもが生まれ、そのままでも幸せな生活でした。しかし、何か満ち足りない気持ちでいたときに、夜間高校のことを知りました。最初は主人も大反対でした。いまでも許してはくれませんが。勉強する気があるのなら、子どもがもっと大きくなってからでも遅くはないと言われたのです。

しかし、いまやらなければもうやれない。私の気持ちは動きませんでした。夜間高校に入学したのです。そのとき、長女はまだ二歳、夜のあいだは近くの託児所でみてもらうのですが、小さくてとてもかわいそうでした。その間にも長男が生まれたりで、ほんとうに大変でした。

その託児所には、どうしても母親が夜遅くまで働かなくてはならない家の子がたくさん来ていました。一様にさびしそうに下着の入った袋を持って、迎えにきてくれる母の姿が一番先に見える所で、じーっと待っているのです。そんな姿を見ると、他の子でも強く抱きしめてあげたい気持ちになりました。私の子もそうなのです。二人の小さな心のなかに大きなさびしさを体験させてしまったことはマイナスのほうが大きすぎるような気がしています。

苦しい道を歩いてくれた二人の子どもと、主人にいまはとても感謝しています。そのマイナスを少しでも少なくするため、私の道を胸を張って話せるような母親にならなければ……。なりたいと思っています」

また、女子高校生の一人は「育児について生まれる前に夫婦できちんと自覚すべきです。特に母親は子どもが小学二年生になるくらいまで仕事は絶対にやめるべきです」と訴えている。

この連載を読んだ多くの人たちが〝共働きは子育てにとってマイナスになるのでは〟という心配を抱くのはもっともなことだと考え、聖心女子大の岡宏子教授にこの点を聞いてみた。

「共働き自体が悪いとは言えません。子どもと接触する時間が少ないというマイナス面をどう補うかです。短い時間でも子どもに安定した心地よい情緒を与えられるゆったりとした時間をつくり、母親の強い印象を与えればカバーできるんです。逆に忙しいからと言って、テレビばかり見せて、〝さっさとごはん食べて、早く寝なさい〟なんてことになるとまずいのです。

働く母親の張りつめた真剣さや輝きは子どもにいい印象を与えます。むしろ共働きは専業主婦で子どものそばに付きっきりのマイナス面を防ぐ積極的効果もあります。子どもの一挙手、一投足に手を出し、口を出し、子どもの頭で考えさせずにすべてを代行してしまう母親がいますが、そうなると子どもは親の声がかからないと動かない〝観客席にいる子どもたち〟になるんです。子どもにどんな印象を与えるかは母親の心がけ次第です」

岡教授はこう説明してくれた。

女子中学生、女子高校生から予想以上にたくさんの手紙が寄せられた。これから親になろうとする若い世代はどう受けとめたのだろう。

中学三年の女子生徒は〝人との出会い〟の大切さをこう訴える。

「人間にいちばん大切なのは人との出会いだと私自身思います。そして自分が人との出会いをどのようにして自分の生きるうえで役立てていくかが問題だと思います。

私自身が変わったのは小学五年のときからです。小学生であっても、いろんなことが見えてきます。両親の不和、毎日のようなののしりあい……、教師の差別。大人の汚い部分ばかりが目について、自分の嫌いな人間になりかけました。

しかし小学五年のとき素晴らしい先生に出会い私自身成長することができたのです。人によって形は違うけれど、自分にとって素晴らしい出会いほど必要なことはないと思います。

修さんのように心底自分を立ち直らせ、人生をといてくれる人がいなかったのはほんとうに不幸だと思います。けれど、幼児のときの環境の悪さだけで人は変わるものなのでしょうか。たとえ、それが一つの原因だったとしても自分の人生は自分のものなのです。自分でものを考え、自分で判断しなくてはならないものだと思います。仕方ないですまされないことは生きるうえでたくさんあります。

たった十五年間しか生きていないので難しいことはわからないけど、これからもっと人間らしく、人間として、人間くさく生きていきたいと思います」

高校三年の女子生徒は自分が親になったときの生き方をこう記す。

「私には、とても良い両親がそろっていますから、修のような少年たちのことを考えたことはありませんでした。もちろん養護施設の生活なども、この記事を読むまでは知りませんでした。

一言に犯罪といって犯人が悪いと思ってしまういま、犯罪の裏にもいろいろ犯人が生きてきた経緯があるものだと感じました。

修のような少年は、事件の犯人であり、両親に捨てられた被害者でもあると思います。世の中が平和になったいまでも養護施設で親がなく寂しく暮らしている子どもたちがいるということは悲しいことだと思います。これから、私もいつか人の親となる日がくるでしょう。そのときには、自分の置かれている立場を考えて、子どもを産み、責任を持って育てていきたいと思います」

控訴棄却の判決

八四年十二月十八日。控訴審判決の朝。黒く厚い雲が空を覆っていた。

高裁刑事部八〇三号法廷は開廷前から養護施設関係者であふれ、入りきれない人は廊下にも立った。

やや遅れて午前十時十五分、開廷した。

「判決主文。控訴を棄却する」

裁判長は被告席に立つ修に向かって抑えた声でこう宣告した。

減刑されるのではないかという甘い期待感は無残にも打ち砕かれた。満員の傍聴席は声一つあがらず、静まり返ったままだ。

裁判長は判決主文を読みあげてから、一息ついて、判決理由を低い声で読みはじめた。まず、殺意の認定について。

修が首を絞めたのは、失神させて乱暴するのが目的であって、死に至らせた客観的な行為だけをもって殺意を認めるのは事実誤認だとの弁護側の主張に対して裁判長はこう説明した。

「修の犯行は、何としても良子と性交したいとの異常な関心と強烈な欲望によって、なされたもので、犯行の動機はまさに、ここにある。一審判決ではこの点を十分に考慮しており、死に至らしめた行為を客観的に見て殺意があったと認定することに誤りはない。弁護側の言い分は、一審判決で認定されていない独自の事実を前提にした主張にすぎず、採用できない。

また、修が良子を含めた被害者の女性を、人格を備え、知情意を有する一個の人間として見ず、もっぱら自己の性欲を満足させる道具としてしか考えていなかったことは関係証拠により明白。独自の説を立てて一審判決を非難するにすぎず、とうてい採用のかぎりでない」

さらに、犯行当時、修は責任能力が著しく減弱していたとの弁護側の主張に対しては、こう断じた。

「関係証拠によれば、良子に対する犯行について、修はその犯行の具体的内容を明瞭詳細に記憶しており、また、当時、是非善悪の事理を弁識する能力を備えていたことは明らかである。弁護側の言い分は証拠上、何ら認められず、理由がない」

淡々と判決理由を読みあげる裁判長の声は事実認定、殺意と、弁護側の主張をことごとく退け、まっ向から厳しく修を断罪していく。

弁護側は修の育成過程に強い人格障害を与えた〝特殊事情〟があり、犯行の責任は修一人に帰すべきでなく、国や社会も共に負うべきで、無期懲役という量刑は不当だと主張していた。

これについて裁判長はこう述べた。

「控訴審で情状に関する取り調べをしたが、弁護側が主張するような減刑に値する〝特殊事情〟なるものは認めることはできない。国や社会の責任を云々する点は弁護人の心情としてはそうであろうが、とうてい採用することができない独自の見解であるという他はない」

修の反省心は彼なりに芽ばえてきており、何かが修のなかで変わろうとしている。にもかかわらず、無期懲役刑にするのは〝お前は見込みがない〟という宣告である。修のような人間こそ再教育の場が与えられなければならない、と主張したが、この点も裁判長は一蹴した。

「弁護側の主張するとおりであるならば、修の獣欲の犠牲となって、あたらその青春の花を咲かせることもなく散華した良子、そして修の不幸な生い立ちを理解しながらも、最愛の娘を失い、いまなお悲しみに打ち沈んでいるその遺族、さらに生命までは奪われなかったにせよ、修に襲われ極度の恐怖と屈辱感に見舞われ精神的苦痛を受けた被害者たちに対し、何らかの積極的な慰謝の言動があって当然なのに、全審理を通じて修からそれに類する言動さえもくみ取ることができなかった。誠に遺憾なことと言うべきである。弁護人がこれさえも国や社会の責任に帰するというのであれば、遺憾の極みという他はない」

裁判長の控訴棄却、無期懲役の判決理由はさらに続く。

「その他、記録に出ている修に有利と思われる諸事情のすべてを考えても、以上の諸点からすれば、修に対して無期懲役をもってのぞんだ一審判決の量刑はまことに止むをえないというべきであって、これが重すぎて不当だということはとうてい言えず、弁護側の論旨には理由がない」

一審判決を全面的に支持し、弁護側の主張はすべて切り捨てられた。

「不服があれば上告できる……」

裁判長は最後にこう言うと、立ち上がって法廷から去っていった。

修は顔色ひとつ変えなかったが、ふてくされたような感じを見せた。一度も傍聴席を振り返らず、腰に縄をつけ、手錠をはめられ、法廷右側のドアから出ていった。

そもそも、反省心や陳謝の意を修は言葉で言い表すことができないように、成長してきたのではなかったか……。

裁判所がその点を少しでも配慮してくれるのではないかという期待は甘かったのだろうか。

閉廷後の傍聴席は重苦しい空気が広がっていた。

現実の厳しさのなかで、修の更生、さらには養護施設、刑務所のあり方、行政側の対応と責任問題、子育ての見直し……とこんどは私たち社会が裁かれる番である。

あとがき

連載ルポ『荒廃のカルテ』を本にするため組み上がった活字を校正している今も、私たちのこころは重い。

若くしてこの世を去った良子さんの両親の消えることのない悲しみ。一人の人間として生まれてきた修が「生きていてよかった」と実感できる日がはたして来るのだろうかという憂い。厳しい条件のなかで、日々、子どもたちの面倒をみている施設の職員たちの言語に絶する苦労……。

こうした人たちの顔が思い浮かぶと、こころは休まらない。

しかし取材で出会った人たちは、困難を抱えながら頑張っている。

その勇気と情熱に頭が下がる思いだ。

修は最初、桜木学園の職員には会いたくないと、面会に職員が訪れても会おうとしなかった。それが一九八四年十二月十日、桜木学園の指導員・吉野が会ったのをきっかけに、山の写真や太陽の写真を差し入れてもらったり、一月からは保育士二人にも面会するようになった。

初めて保育士の一人、A子先生が吉野といっしょに面会したときの修とのやりとりは次のようだ。

吉野　山の写真見たか？
修　虹が一枚しかないじゃないですか。
吉野　太陽とか虹の写真、探しているけどないんだよ。オレが撮った写真でいいのか？
修　いいですよ。
A子　修の荷物、学園においてあるの。タオルとかは子どもたちに出したよ。修の大切なものはとってあるけど、いーい？
修　いいですよ。
A子　十日にB子先生と来ていいでしょ。
修　いいですよ。
そして、一月十日にA子先生はB子先生といっしょに再び面会に訪れた。
B子　修はいつから山が好きになったの、小学校、中学校？
修　中学校くらいから。
B子　そう言えば中学校のとき山に登った写真があったね。
修　登りました。
（会話が途切れる）

B子　どう、少し考えて反省していますか?
修　今はしていません（笑う）。
B子　ひげが一本伸びているのね。
修　一本伸ばしているんです。
（時間がくる）
B子　元気でね。
修　（笑う）

私たちがもっとも力点をおいた問題は、養護施設であると家庭であるとを問わず、社会性の発達が十分でなく、自立できない子どもたちにどう対応したらよいかということである。

家庭の機能が喪失したため、家庭での十分な人間的かかわりが得られず、情緒障害などを起こした子どもたちに、大人は何ができるかを問題提起したつもりである。

主人公の修は養護施設で育った少年である。

乳児院、養護施設には、修の成長過程を記した記録が保存されていた。

『荒廃のカルテ』で、依存から自立への道筋を論ずることができたのは、まさに、この貴重なデータが存在していたおかげであった。

人間的なかかわりのなかで、母なるものへの依存体験をとおして信頼感、心のよりどころをつくることが、子どもの自立にとっていかに大切であるかということを初めて跡づけることができたのである。

だが、これは現代社会に生きる子どもたちが抱えているさまざまの問題の、ほんのひとつの局面にすぎないと、思う。

人間が人間として育ち、生きるために、子ども、親、友人、さらに自分自身をどう大切にするか、人間的かかわりをどう深めていくかが、今もっとも問われている。

この『荒廃のカルテ』＝鑑別番号１５８９＝は、一九八四年九月十七日から三十七回続きで出稿され、三十六紙の地方紙に連載された。

出版に当たっては、全面的に書き改め、連載では行数の都合で省略せざるをえなかった少年の育成記録、法廷でのやり取りなども収録した。

少年の人権、養護施設を混乱から守るために人名は弁護士、専門家をのぞきすべて仮名にし、地名もはぶいたことを了解していただきたい。

最後に『荒廃のカルテ』で指摘した副読本『赤ちゃん』の内容について、厚生省（現厚労省）は一九八五年四月に「添い寝も、抱っこも基本的には良いこと」と全面的に書きかえた改訂版を出した。

従来の厚生省の育児方針を百八十度転換したともいうべきもので、改訂を強く訴えた熊本市にある養護施設長、潮谷愛一さんから次のような手紙が寄せられた。

「ついに厚生省は〝添い寝は良い〟と認めました。『荒廃のカルテ』が大きな影響を与え、ダメ押ししたと確信しています。二年間、叫びつづけた甲斐がありました。これで多くの子どもたちが救われます。年間百五十万人の赤ちゃんの大きな福音となるでしょう」

一九八五年五月十六日

改訂版　あとがき

子どもや若者が人間として成長、発達していくために何が必要か、というのが『荒廃のカルテ』で一貫して追求してきたテーマである。

乳幼児期の愛着形成から思春期の社会性獲得に至るまで、子どもは十分に依存できてこそ自立できる、という人間発達の基本、筋道を明らかにするために、事実を丹念に拾い、専門家の論評を引き出してつくり上げたのが『荒廃のカルテ』である。

その後、修はどのような人生を歩んでいるのだろうか。

高裁で無期懲役の判決を受けた修は、木下弁護士の勧めもあって一九八五年三月に最高裁に上告したが、棄却され、修の無期懲役刑は確定した。

修は拘置所から少年刑務所に移された後、殺人、放火など重罪を犯した人たちが収容されている刑務所に移された。

養護施設「桜木学園」の元指導員、鈴木十郎、そして希望の家の保育士、小沢和子は、それから二十数年たった今も刑務所を訪れ、修との面会を続けている。

『荒廃のカルテ』が新潮文庫になったのは一九八八年で、最高裁の上告棄却から三年が経過していた。

その文庫本あとがきを書くために木下弁護士に話を聞いたときのことを忘れることができない。

当時、木下弁護士も刑務所を訪れ、修に面会していた。

「刑務所にいる修の面会に足を運ぶ度に、自分が裁判所の法廷で主張したことは何だったのか。もしかしたら極端すぎたのではないだろうか。重い犯罪にはそれなりの罰が必要ではないか。いや、あれで良かったのだ、と心が揺れ動くのです。だけど修と面会すると、やっぱり、あの時、自分が主張したことは正しかったのだ、という気持ちになるのです」

高裁の法廷で木下弁護士は、乳幼児期からの成長過程で、依存体験が欠如しただけでなく、暴力とリンチの恐怖にさらされながら育てられた修は、精神的にも未熟であるだけでなく、人格形成そのものに欠陥が生じているため、一般に言う刑事責任を問い得ないのではないか、と主張した。

ところが東京高裁の裁判官たちは、責任を問う前提となる人格そのものに欠陥があるという主張を拒否しただけでなく、判決文の中で「本人に反省がなく、これをもし、原審弁護人が国や社会の責任に帰するというのであれば、遺憾の極みである」と、逆に木下弁護士を厳しく批判した。

その言葉が木下弁護士の脳裏に刻まれ、離れないのだ。

修が法廷で自分の感情や気持ちを表現できず、反省していないようにみえるのも、養護施設で虐待やリンチを受けたために甘えや自分の感情を封印してしまったからだ、という訴えを裁判官は受け止めることができなかったのだ。

その修は四十七歳になり、今も刑務所で服役している。

桜木学園の元指導員、鈴木十郎と希望の家の元保育士、小沢和子によると、修は会う度に変わっていくのが分かり、驚いたという。

最初は質問をしないと沈黙して、時間を持て余す感じだったが、回を重ねるごとに修自身が語りかけてくるようになった。

修は霊や魂の問題に興味を持っていて、面会の度に、そうしたことが話題となる。

そんななかで和子は「もしかしたら修は透明人間で、肉体は修でありながら、修ではない人間を生きていたのかもしれない」と思った。

というのも修が「霊魂をいろいろ飲み込むんだ」という話をしたからだ。

「飲み込んだものは君の中でどうなっていくの」と聞くと、「飲み込みながら自分の中に力を蓄えるんだ。自分のここ（上腕）までは来るんだけど、ここ（指先）までは来なかった。自分の修業が足りないからなんだ」と説明してくれた。

和子は「修の話を聞きながら、修は今まで自分を生きていなかったのだと思いました。そういう意味で透明人間のイメージがあって、修の飲み込んだものが身体の隅々までピタッときたときに、うまく説明できないけど、手術用の手袋がビシッとはまる感じというか、身体中にピタッとはまったときに、手も足も自分の身体がきちっとはまったときに、やっと自分なのだと思えるのじゃないかと思いました」と語った。

元養護施設指導員、鈴木は、刑務所に修が収容されてから二十八年間、毎年五月と十一月の二回、面会を続けてきた。

修が小学四年のとき指導員として働き始めた。三歳から中学三年生まで男児のみ七十人が収容されていて、部屋ごとに中三が部屋長で、一番下が三歳児の七、八人という構成だった。部屋の一人が問題を起こすと連帯責任で全員が施設長代理に平手で殴られるというリンチを受けていた。

「七十人の集団の流れの中で、修は目立たない、いるかいないかわからないような存在でした。問題行動を起こした記憶がない。ただ部屋長に命令されて、物を盗んでいた。

中学三年の終わりころ、夜起きてバーベルや鉄アレイで体を鍛えたりしています。寝静まった後、みんなの目が閉じられれば自分の感情が素直に出せる。開いている間は視線が怖いから、修は自分の感情を素直に発露でき、受け止めてくれるような生活の場が持てなかったのです」

鈴木は、最近の修について次のように語った。

「修は魂や霊を自由に扱える霊能者になることが目標と言っています。今日、面会した時に、霊能者が十だったら、今はどのくらいか？　と聞いたら、まだゼロだと。まだ一にも行っていない。ただし、霊的なものは体の中に感じているという言い方でした。

事件と向き合えば非常に恐ろしいことに自分自身と直面する。それを通過しないと、本当の更生の可能性はないわけですけど、だから、そういう点での、修の本当の意味での更生の困難さというのはあるのかなあと思います。

修を更生させることができるかどうかはわからない。一番の思いは、『生きていて何一つ楽しい思いはなかった』と裁判の法廷で言った彼の思いが、『やっぱり、生きていてよかった』という実感になればいい。それが、これからも私が修と付き合っていくことで、意識することです」

なお『荒廃のカルテ』の本の帯を書いて推薦していただいた作家、井上ひさし氏が二〇一〇年四月九日に肺がんで亡くなった。

彼の書いた帯をここに採録して、冥福を祈りたい。

「これは女子大生を暴行しようとして死に至らしめ、無期懲役を宣告されたある少年の、出生とその生い立ちとを徹底的に追跡したリポートである。追跡の過程で思いがけない真実が浮かびあがる。それはわれわれの家庭でもまた、これと同じ少年を育てているのではないかというおそろしい真実である。特異な事件、と見えるものを分析しつくして、その中から普遍の真実をつかみ出すことに成功した著者たちの努力に脱帽する　井上ひさし」

二〇一二年九月

横川　和夫

●横川和夫（よこかわ・かずお）1937年、小樽市生まれ。60年、共同通信社入社。72年に文部省（現文科省）を担当して学校教育のあり方に疑問を感じ、教育問題、学校や家庭から疎外された少年少女、さらには家族の問題を中心に、日本社会の矛盾が表出する現場を一貫して追い続けてきた。論説兼編集委員を経て現在はフリー・ジャーナリスト。著書・共著には、依存から自立へという人間の成長発達の基本を検証した「荒廃のカルテ＝少年鑑別番号1589＝」、現在の家庭と学校の抱える病巣を鋭く描いたベストセラー「かげろうの家＝女子高生監禁殺人事件＝」（共同通信社刊）、健全で理想的な家庭と見られる家に潜む異常性を暴いて話題となった「仮面の家＝先生夫婦はなぜ息子を殺したのか＝」（共同通信社刊）では93年度日本新聞協会賞を受賞。北海道・浦河で精神障害という病気をもった人たちが当事者性と自己決定力を取り戻していくプロセスを克明に追跡した「降りていく生き方」（太郎次郎社刊）などがある。

本書は、1985年7月に共同通信社より刊行された単行本に加筆修正を行い、復刊したものです。
Ⓒコードに誤表記があったため改訂版として発刊しました。

荒廃のカルテ
――少年鑑別番号1589――

二〇一二年　五月三十日　初版発行
二〇一二年十一月十五日　改訂版発行

編著者　横川 和夫 編著
発行者　井上 弘治
発行所　駒草出版　株式会社ダンク 出版事業部
〒一一〇-〇〇一六
東京都台東区台東一-七-一秋州ビル二階
TEL　〇三（三八三四）九〇八七
FAX　〇三（三八三一）八八八五
http://www.komakusa-pub.jp/

［ブックデザイン］高岡雅彦
印刷・製本　モリモト印刷株式会社

落丁・乱丁本はお取り替えいたします。
定価はカバーに表示してあります。

ISBN 978-4-905447-01-6